让知识成为每个人的力量

学习
究竟是什么

NEW SCIENCE OF
LEARNING
FOR GENERALISTS

万维钢/著

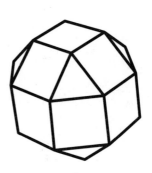

新 星 出 版 社　NEW STAR PRESS

古之学者必有师。师者，所以传道受业解惑也。人非生而知之者，孰能无惑？惑而不从师，其为惑也，终不解矣。

——韩愈

"我在那时候就很清楚，他对这课程比我了解得还多。"

"我想我真正的作用只是监督他学习物理的进度。我不能自夸曾经教过他任何东西。"

——物理学家霍金的两位大学老师谈霍金

总序　写给天下通才

感谢你拿起这本书，我希望你是一个通才。我对你有一个特别大的设想。

我设想，如果你不满足于仅仅靠某一项专业技能谋生，不想做个"工具人"；如果你想做一个对自己的命运有掌控力的、自由的人，一个博弈者，一个决策者；如果你想要对世界负点责任，要做一个给自己和别人拿主意的"士"，我希望能帮助你。

怎么成为这样的人？一般的建议是读古代经典。古代经典的本质是写给贵族的书，像中国的"六艺"、古罗马的"七艺"，说的都是自由技艺，都是塑造完整的人，不像现在标准化的教育都是为了训练"有用的人才"。经典是应该读，但是那远远不够。

今天的世界比经典时代要复杂得多，今天学者们的思想比古代经典要先进得多。现在我们有很成熟的信息和决策分析方法，古人连概率都不懂。博弈论都已经如此发达了，你不能还捧着一本《孙子兵法》就以为可以横扫一切权谋。我主张你读新书，学新思想。经典最厉害的时代，是它们还是新书的时代。

就现在我所知道的而言，我认为你至少应该拥有如下这些见识——

对我们这个世界的基本认识，科学家对宇宙和大自然的最新理解；

对"人"的基本认识，科学使用大脑，控制情绪；

社会是怎么运行的，个人与个人、利益集团与利益集团之间如何互动；

能理解复杂事物，而不仅仅是执行算法和走流程；

一定的抽象思维和逻辑运算能力；

掌握多个思维模型，遇到新旧难题都有办法；

一套高级的价值观……

等等等。你需要成为一个通才。普通人才不需要了解这些，埋头把自己的工作做好就行，但是你不想当普通人才。君子不器，劳心者治人，君子之道鲜矣，你得把头脑变复杂，你得什么都懂才好。你不能指望读一两本书就变成通才，你得读很多书，做很多事，有很多领悟才行。

我能帮助你的，是这一套小书。我是一个科学作家，在得到 App 写一个叫做《精英日课》的专栏，我们专栏专门追踪新思想。有时候我随时看到有意思的新书、有意思的思想就写几期课程，有时候我做大量调研，写成一个专题。这套书脱胎于专栏，内容经过了超过十万读者的淬炼，书中还有读者和我的问答互动。

我们打算每搞好一个专题就出一本，现在出的有"相对论""博弈论"和"学习的新科学"三本。接下来还会有"概率论""量子力学""科学方法""数学思维"等等，都在研发之中。

通才并不是对什么东西都略知一二的人，不是只知道各个门派的趣闻轶事的人，而是能综合运用各个门派的武功心法的人。这些书并不是某个学科知识的"简易读本"，我的目的不是让你简单知道，而是让你领会其中的门道。当然你作为非专业人士不可能去求解爱因斯坦引力场方程，但是你至少能领略到相对论的纯正的美，而不是卡通化、儿童化的东西。

这些书不是长篇小说，但我仍然希望你能因

为体会到其中某个思想、跟某一位英雄人物共鸣，而产生惊心动魄的感觉。

我们幸运地生活在科技和思想高度发达的现代世界，能轻易接触到第一流的智慧，我们拥有比古人好得多的学习条件。这一代的中国人应该出很多了不起的人物才对，如果你是其中一员，那是我最大的荣幸。

万维钢

2020 年 5 月 7 日

录
TS

引言

　　这不是一本劝人努力学习的书，更不是一本教人如何在学校取得好成绩的书。这本书说的是真正的、为了增长智慧和本领的那种学习，而我认为大多数人学不好不是因为不努力，而是因为不得法。这是一本讲学习方法的书——不是一般的老师们摸索的那些民间方法，而是经过最新科学研究验证的、能达到最高效率的方法。

　　过去几十年来，科学家们通过实验研究和对学习高手的观察，结合心理学特别是脑科学的进步，可以说是发现了学习的秘密。怎样快速掌握一项标准化的技能、如何加深对知识的记忆、创造性思维到底是什么，像这样的问题都已经有了比较清晰的结论。而这些有关学习方法的研究结果都还比较新，有的研究还在进行之中，远远没有普及开来，所以我们这本书有很多关于学习的新知。我调研整理了大量的科学文献，结合自身的经验体会，把这些方法总结为六个部分。

对于常规性的学习，比如要掌握一项简单技能或者在某个标准化考试中取得好成绩，"刻意练习"这个方法就足够了，它能让你学到精通的地步，这是本书第一部分的主题。我大概是第一个把"刻意练习"这个概念介绍给中国读者的人，甚至本书的第一篇文章你很可能已经读过。但是这几年来我看到人们对刻意练习有很多误解，希望这一次能彻底讲明白。

并非所有本领都适合刻意练习。我们的第二部分说的是那种能解决复杂问题、能治国安邦的大本领，它需要的不是你对某个技能掌握得特别精，而是要广泛涉猎多个领域。精和广是一对矛盾，你需要科学面对。

第三部分讲创造性。创造性也是可以学的。你需要了解什么是发散思维和集中思维，你需要学会遥远想法的连接，你需要选择跟他人、跟市场的合适距离，你需要时不时主动放松大脑。

学习方法是一方面，学习策略是另一个问题，这也是第四部分的主题。要自学还是跟着老师学？要追求眼前的考试成绩还是长远的能力？选择什么样的技能？学校到底是个干什么的地方？我们绝不和稀泥，你会做出明确的选择。

第五部分讲讲学习和做研究的工具，特别是我喜欢的几个工具。你会发现"思维导图"是个非常有用的武器，但是一般人根本没有发挥它的威力。我想告诉你高手是怎么做事的。

不管你学的是什么领域，最高境界都是"无为"。这是一种令人神往的、随心所欲而又无所不能的状态，是一种神秘的体验。我们在第六部分探索这个只可意会的境界。

我只恨自己上学的时候没有这样一本书，但是现在知道也不晚。科学学习方法不相信什么"寓教于乐"，学习这件事永远都需要你的刻苦付出。但愿本书中这些方法能让你不走弯路，以最快的速度达到高水平。

这个世界充满不确定性，很多事情就算你特别努力而且使用了正确的方法也未必能成功，但"学习"不是这样。学习是一件让人充满掌控感的事：你可以做到日日精进，你会感到快乐。

学精第一

NEW SCIENCE OF
LEARNING FOR GENERALISTS

刻意练习

怎样成为某一领域的顶尖高手？现在所有人都知道一个标准答案：练习一万小时。

"一万小时"这个说法来自马尔科姆·格拉德威尔（Malcolm Gladwell）的《异类》（*Outliers*）一书。此书的影响巨大[1]，它告诉我们天才不是天生的，是练出来的，而且要练习一万小时。可是，如果一个年轻人想要把自己变成顶尖高手，光知道一个"一万小时"的口号毫无意义。

成为顶尖高手的确需要长时间的练习。每天练三小时，完成一万小时需要 10 年的时间，但这只是达到世界水平的最低要求。各个领域需要的练习时间非常不同，很多领域要求的训练时间远超一万小时。比如对音乐家而言，需要训练 15—25 年才能达到世界级水平。而在某些领域内，如果一个人很有天赋而且训练得当，他也能在非常短的时间内就成为顶尖高手。

顺便一提，强调练习的同时绝对不能否定天赋的重要性。对体育和音乐之类的项目来说，没有天赋可能再怎么练也没用。一项 2014 年的研究[2]发现，对音乐来说，天赋比练习时间重要得多。一对基因相同的同卵双胞胎的练习时间相差两万多个小时，但是他们的音乐水平居然是一样的。也许一个人最后的成就，不是练习加天赋，而是练习乘以天赋，一项是零最后结果就是零。

事实上，对训练这件事来说，真正的关键根本就不是训练时间的长短，而是训练的方法。

练习，讲究的并不是谁练得最苦，或者谁的心最"诚"。业余爱好者自娱自乐式的练习和专业选手的训练是两个完全不同的概念。外行往往只看到专业选手是全职训练的，而且练得挺苦，却忽视了训练方法的重要性。

坏消息是高水平训练的成本很高。你需要一位掌握这个领域的先进知识的最好的教练，你需要一个有助于你提高能力的外部环境——这通常意味着加入一所好大学或者入选一个好的俱乐部，你要能忍受一点都不舒服的训练方法，而且你需要投入非常多的训练时间。

好消息是各个领域的不同训练方法也都存在着一些共同特征。这意味着哪怕我们并不是真的想成为世界冠军，也可以借鉴一些世界冠军的训练方法来完善自我。比如我从来没有争夺诺贝尔文学奖的愿望，但我也可以在业余时间使用科学的练习手段来提高一点自己的写作水平。

在过去的二三十年内，心理学家们系统地调研了各行各业从新手、一般专家到世界级大师的训练方法，包括运动员、音乐家、国际象棋棋手、医生、数学家、有超强记忆力者等等，试图发现其中的共性。他们的研究甚至细致到精确记录一所音乐学院的所有学生每天干的每一件小事，统计他们做每件事所用的时间。他们调查这些学生的父母情况和家庭环境，并了解学生在来音乐学院以前的学习情况，比如从什么时候开始练琴的。他们甚至要求这些学生写了一个星期的日记。科学家们把获得的所有数据汇总在一起，与学生们的音乐水平对照，来寻找使那些音乐天才脱颖而出的关键因素。

现在，这项工作已经成熟了。2006年，一本900多页的论文合集，《剑桥专业知识与专家技能手册》(*The Cambridge Handbook of Expertise and Expert Performance*) 出版。此书汇总了多位心理学家的研究结果，系统地分析了各个领域内专家的训练方法，并与神经科学及认知科学最新研究成果相结合，对这些方法的机制进行了科学的解释。这是"怎样练成天才"研究的一本里程碑式的学术著作，此书直接引领了后来的一系列畅销书，包括格拉德威尔的《异类》，杰夫·科尔文（Geoff Colvin）的《哪来的天才？》(*Talent is Overrated*) 和丹尼尔·科伊尔（Daniel Coyle）的《一万小时天才理论》(*The Talent Code*) 等等。[3] 这个领域至今仍然在不断进步，随时都有新的理解和应用。

这套统一的练习方法，就是"刻意练习"（deliberate practice）。首次提出"刻意练习"这个概念的是佛罗里达大学心理学家安德斯·埃里克森（Anders Ericsson）[4]，此后，不同研究者和作者对"刻意练习"的具体内容有各种解读。我把我所了解的内容综合起来，去除一些不重要的，总结成以下四点：

（1）只在"学习区"练习；

（2）把要训练的内容分成有针对性的小块，对每一个小块进行重复练习；

（3）在整个练习过程中，随时能获得有效的反馈；

（4）练习时注意力必须高度集中。

我将逐一解释它们的意思。

① 只在"学习区"练习

科学家们考察花样滑冰运动员的训练，发现在同样的练习时间内，普通运动员更喜欢练自己早已掌握了的动作，而顶尖运动员则更多地练习各种高难度的跳跃动作；普通爱好者打高尔夫球纯粹是为了享受打球的过程，而职业运动员则在各种极端不舒服的位置打不好打的球。真正的练习不是为了完成运动量，练习的精髓是要持续地做自己做不好的事。

心理学家把人的知识和技能分为层层嵌套的三个圆形区域：最内一层是"舒适区"，是我们已经熟练掌握的各种技能；最外一层是"恐慌区"，是我们暂时无法学会的技能；二者中间则是"学习区"，是最适合我们现在学习的技能。（如图1-1）

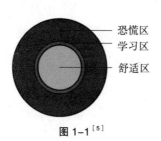

图 1-1 [5]

比如我们看一本书，如果这本书的内容都是我们熟悉的，完全符合我们已有的观念，这本书就在我们的舒适区内，但如果这本书的内容与我们原有的观念不符，而我们思考之后仍然能够理解、接受，那么这本书就在我们的学习区内。如果这本书我们根本就理解不了，那么就是在恐慌区。

有效的练习任务必须在受训者的学习区内进行，它具有高度的针对性。训练者必须随时了解自己最需要改进的地方。一旦已经学会了某个知识或技能，就不应该继续在上面花时间，应该立即转入下一个困难点。

在舒适区做事，叫生活；在学习区做事，才叫练习。

持续进步的关键就是持续地在"学习区"做事。为什么大多数童星长大以后就不行了？这并不是因为小时候练得太累把他们练"废"了，而是因为早期实在太辉煌，辉煌会把人的思想留住。更重要的原因在于童星们早早地就获得了一个足以取得骄人成绩的"舒适区"，这个舒适区里面的技能是他们扬名立万的资本，是他们的竞争优势。没有人愿意放弃自己的优势项目，这就严重阻碍了他们对新技能的学习，并使他们逐渐丧失竞争力。成年人的竞争需要的是新的技能。搞科研跟参加数学竞赛是两码事，演中年女人跟演小女孩是不同的表演，成人职业足球跟青少年业余足球是两种踢法！

只在学习区练习，这件事很难。学校里的教学往往是几十人按照相同的进度学习知识，这种学习是没有针对性的。同样的内容，对某些同学来说是舒适区，根本无须再练，而对某些学生则是恐慌区。科学教学必须因材施教，小班教学，甚至是一对一的传授。真正的训练与其说是老师教学生，不如说是师傅带学徒。

所有人都想挑战自我，但在实际生活中，人们会把主要精力放在一些驾轻就熟的事情上。就算有充分的条件离开舒适区，人们也会不由自主地待在那里。在年龄越大的人群中，人和人的思想差别就越大。任何一个看过迈克·华莱士（Mike Wallace）"谈笑风生"的人都会被这位八九十岁的老人言语中的机锋所折服，而有些人到了 80 岁智力却退化到了 8 岁。这就是不断学习的重要性。

假设有一个人，他无比严格地执行"要待在学习区"这个教条，从小到大不停地进步，他会是一种什么状态呢？答案是他会变成泰格·伍兹（Tiger

Woods）。

伍兹挥杆，动作已经开始了。这时候比赛现场突然有异动，比如有个观众大声喊叫，或者有人突然跑出来，总之这个异动将会干扰伍兹的动作。伍兹会把做到一半的动作生生停住！然后调整姿势，重新开始。普通观众看到这个场面也许没什么，而会打高尔夫球的人看到之后，用单田芳的话说，就是"无不惊骇"！

当我们把一件事练熟以后，会把这件事"自动化"。比如开车，刚会开车的人需要注意力高度集中，而开熟了的人基本上可以一边打电话一边开（实际场景中不建议这样做）。甚至你问他怎么开的，他都说不清楚。开车这件事已经进入他的舒适区。普通人打高尔夫球也会产生"自动化"，非常随意地、近乎无意识地挥杆，而挥杆之后就失去了对球杆的控制——如果挥杆的半途有人干扰，他们就会把球打飞，或者根本打不到球。打得越多，这种"自动化"现象就会越严重。而真正的职业高手，绝对不允许自己"自动化"。那么，他们如何做到不"自动化"？因为他们没有舒适区！一旦他们发现自己对这一项技术的掌握已经可以了，他们就会立即进入下一个更难的项目。他们绝不会在一个已经被自己证明是简单的项目上继续训练，这也有效地避免了"自动化"的产生。他们的训练永远追求更高的难度。一定程度的"自动化"非常有用，我们不可能每做一个动作都有意识地给每个关节、每块肌肉安排任务，但是"自动化"到不管不顾地执行则是错误的。

我们经常听到这样的民间传说，说有一个学生，他对课本的掌握已经到了这个程度——你随便说一个东西，他都能告诉你在课本的哪一页。请问这个学生学得怎样？答案是他已经练"废"了。一旦你会了，就赶紧进入下一关。把这一关的攻略倒背如流没有任何意义。

脱离舒适区需要强大的意志力，甚至是一种修炼。巴菲特很早就已经通过股票获得了巨大的财富，但是他 80 多岁仍然在不断学习新东西，因为他知道能让他过去赚钱的知识未必能让他现在继续赚钱。不断更新的知识使得巴菲特敢买中石油和比亚迪这样的他原本不熟悉的企业的股票。

对另一些人来说，脱离舒适区本身就是一个很好的生活目的。马克·扎克伯格（Mark Zuckerberg）作为 Facebook（脸谱网）的创始人和 CEO，可能是现在世界上最年轻的富豪之一。他唯一的任务就是把 Facebook 做好，从这个角度看，他目前似乎没必要不断挑战新领域，但是他仍然害怕留在舒适区。扎克伯格的做法是每年给自己设定一个新目标。这些目标大多跟公司的运营没有什么关系，简直纯粹是为了挑战而挑战：2009 年是每个工作日戴领带，2010 年是学习中文，2011 年是只吃自己杀死的动物，2012 年是重新开始写代码，2013 年是每天认识一个新朋友，2014 年是每天写个表示感谢的便条。2016 年是全年跑步 365 英里（近 600 公里）并且开发私人 AI 助手，2017 年是走遍并拜访美国的每一个州，2018 年是修复 Facebook 的重要问题，2019 年是组织一系列关于科技未来的公开讨论，探讨其中所包含的机遇、希望和焦虑。

所以，世界上有一帮人，他们一天不进步就难受。

❷ 掌握套路

刻意练习的最关键部分是基础训练。当一个运动员进行"基础训练",或者一个学生学习"基础知识"的时候,他到底练的是什么,学的又是什么呢?

是套路。

我们先来做个小实验。请你在一分钟内记住下面这十四个字,可以不分先后顺序:

山州 吴男 十钧 不收 带儿 取关 何五

就算你真能记住,我也敢打赌第二天你就会忘记。可是如果我把这十四个字重新排列组合一下:

男儿何不带吴钧 收取关山五十州

你很可能一秒钟就能记住。因为你早就知道这句诗!

人所掌握的知识和技能绝非是零散的信息和随

意的动作，它们大多具有某种"结构"，这些"结构"就是套路。下棋用的定式，编程用的固定算法，这些都是套路。

心理学研究认为人的工作能力主要依靠两种记忆力："短期工作记忆"（short term working memory，有时候也简单地称为"短期记忆"）和"长期工作记忆"（long term working memory）。短期工作记忆有点类似于电脑的内存，是指人脑在同一时刻能够处理的事情的个数——一般来说，我们只能同时应付四个东西，多了就不行了。短期工作记忆与逻辑推理能力、创造性思维有关，换句话说，跟智商非常有关系，它很难通过训练得到提高。

长期工作记忆存储了我们的知识和技能。它有点类似于计算机硬盘，但比硬盘高级得多。关键在于，长期工作记忆并非是杂乱无章、随便存储的，它以神经网络的形式运作，必须通过训练才能存储，而且具有高度的结构性。心理学家把这种结构称为"块"（chunks）。比如一场棋局在普通人眼里就是一些看似杂乱摆放的棋子，而在职业棋手眼里这些棋子却是几个一组分成了很多块的，通过识别这些块，职业棋手可以很容易地记住棋局，甚至同时跟多人对弈盲棋。更简单地说，如果普通人看到的是一个个字母，职业棋手看到的就是单词和段落！

人的技能，取决于这两种工作记忆。专家做的事情，就是使用有限的短期工作记忆，去调动自己几乎无限的长期工作记忆。而刻意练习，就是在大脑中建立长期工作记忆的过程。

可以想象，一个只认识字母但不认识单词，更看不懂段落的人，面对一本英文书会是什么情况。我在小时候曾经非常看不起死记硬背，有一段时间想要学围棋，就总觉得背定式是个笨功夫，高手难道不应该根据场上局面随机应变吗？但事实是，随机应变才是笨办法。定式和成语典故、数学定理一样，是人脑思维中的快捷方式。在这种情况下如果他这么走，我应该怎么应对，如果他再那么走，我又应该怎么应对，这些计算如果每次遇到都现场算是算不完也算不好的，好在前人早就把各种可能性都算明白而且找到最优解了。在生活中跟人讲道理，如果每次遇到类似的道理都重新推演一遍，可能谁都做不到，现在有了成语和寓言，只要一句"唇亡齿寒"或者"酸葡萄"，任何受过最起码教育的人都能立即理解你的意思。

两种套路

对于脑力工作者来说，水平的高低关键要看掌握的套路的多少。所以，艺术家要采风，棋手要打谱，律师要学案例，政客要读历史，科学家要看论文。这些东西都需要记忆力。现在有了书籍和网络，人们已经不再直接追求记忆力了，但是在古代，记忆力几乎就是一个人最重要的学术能力。至今，非洲的某些部落首领断案的办法，仍然是从自己满脑子的谚语和俗语中找到一句适合当时情形的话，来让双方都满意。[6]孔子说"不学诗，无以言"，一开口就往外冒名句的人在口语时代肯定是特别受尊敬的。据说所罗门知道 3000 条谚语。

以量取胜的套路通常是容易掌握的。今天知道个典故，过两天写文章用上，并不费什么工夫。我上大学的时候出于某种今天看来并不可取的心理，希望能提前一年毕业，主动选了很多高年级甚至是研究生的课。这样我必须在比较短的时间内把某些非物理类课程学完，而事实证明这完全可行，也许人人都能做到。我常用的做法是根本不管老师讲课的进度，按自己的节奏直接看书突击学习，有时候一下午就能学好几章。我曾经用大概一周的时间分别学完了半学期的《线性代数》和《概率论》，而且考了满分。其实如果你仔细研究，这些课程里的关键套路非常有限，而且逻辑性很强，只要看懂了就很容易掌握和使用。[7]

但是有些套路，比如那些非纯脑力劳动的专业技能，想要掌握就没那么容易了。很多学理工科的人看不起学音乐的和搞体育的，但事实上，真正掌握弹琴和竞技体育的技巧比学会解微分方程困难得多，因为其需要协调调动的肌肉和脑神经元实在太多了。别人用个什么招式就算你全看到了而且看明白了，也不能立即学会。像这样的技能，想要求"多"非常困难，因为掌握每一个套路都要付出大量的练习时间。

人脑到底是怎么掌握一个技能的？我听说过两个理论[8]。一个比较主流的理论说这是神经元的作用。完成一个动作需要激发很多个神经元，如果这个动作被反复做，那么这些神经元就会被反复地一起激发。而神经元有个特点，就是如果经常被一起激发，它们最终就会连在一起！[9]因为每个特定技能需要调动的神经元不同，不同技能在人的大脑中就形成了不同的网络结构。另有一个理论[10]则认为神经元的连接固然重要，但更重要的则是包裹在神经元伸出去的神经纤维（轴突）外面的一层髓磷脂组成的膜：髓鞘。如果我们把神经元想象成元器件，那么神经纤维就是连接元器件的导线，而髓鞘则相当于包在导线外面的胶皮。这样用胶皮把电线包起来防止电脉冲外泄，能够使信号被传输得更强、更快、更准确。当我们正确地练习时，髓鞘就会越包越厚，每多一层都意味着更高的准确度和更快的速度。髓鞘，把小道变成高速公路。

不论是哪种理论，最后我们都可以得出这样的结论：技能是人脑中的一种硬件结构，是"长"在人脑中的。这意味着如果你能打开大脑，你会发现每个人脑中的神经网络结构都不一样。技能很不容易获得，一旦获得了也很难抹掉。这显然跟计算机完全不同：在计算机上你可以随时安装和卸载一个软件，让计算机掌握和忘记某种技能，而人脑却不可能这么轻易地复制信息。另一方面，这也说明"练大脑"比"练身体"更容易取得大成就，因为大脑神经元连接是可以改变的！你再怎么练也无法改变自己胳膊腿的结构，可是你可以让自己的大脑长出各种复杂多变的"网络形状"来。

如此一来，高手与普通人就有了本质的区别。高手拥有长期训练获得的特殊神经脑结构，他的一举一动可能都带着不一般的气质，连眼神都与众不同，简直是用特殊材料制成的人。练习，是对人体的改造。

用什么方法才能迅速地让技能套路"长"在身上呢？关键在于两点：

（1）必须进行大量的重复训练；

（2）训练必须有高度的针对性。

基本功

体育训练和音乐训练比较强调"分块"练习。首先你要把整个动作或者整首曲子过一遍，然后把它分解为很多小块，一块一块地反复练习。在这种训练中一定要慢，只有慢下来才能感知技能的内部结构，注意到自己的错误。《一万小时天才理论》一书介绍，美国最好的一所音乐学校里的一位老师甚至干脆禁止学生把一支曲子连贯地演奏。学生只能跟着她练分块的小段。她规定如果别人听出来你拉的是什么曲子，那就说明你没有正确地在练习！

你可能会认为这种分块训练只适合初学者练基本功，高手就应该专注于完整的比赛，但事实绝非如此。事实上，就连职业运动员的训练也往往是针对特殊技术动作，而不是比赛本身。一个高水平的美式足球运动员只有 1% 的训练时间是用于队内比赛（一部分原因是怕受伤），其他的时间都是用于各种相关的基础训练。把特定动作练好，才能赢得比赛。2011 年，姚明担任 CBA 比赛转播解说期间，曾经透露过易建联的一个训练秘密[11]。那年夏天，人们注意到易建联有一个"金鸡独立"的跳投动作非常像著名球星诺维斯基，而且命中率相当高。这个动作其实是他自己"加练"的结果，这种专门训练比比赛还重要。姚明说："阿联夏天接受的针对性极强的专项训练是他近两年迅速提高的关键，我们的球员一直在比赛，其实真正应该做的就是像阿联这样进行有针对性的专项训练。"

如果不重视基本功训练，在比赛中就会吃亏。2011年东亚男篮锦标赛，中国男篮底气十足地仅派出二队参加，让青年军去跟日韩的正牌国家队对阵，结果负于日本。中国队的自信不是平白无故的，中国队员的天赋很好，身体条件比对手强的不是一点半点。但是代理主教练李楠却指出，中国队员的基本功不行！"传接球等基本技术相比日、韩等队都存在差距。"[12] 而造成这种局面的原因恰恰是以赛代练！记者梁希仪分析，"这些队员里很多人十七八岁就进一队打 CBA 了，每年比赛，主教练根本没有时间再给球员抠基本技术，所以现在就造成了这样的结果。"

磨刀不误砍柴工，基本功就是这么重要。不但体育和音乐需要练基本功，就连那些人们认为不存在基本功的领域，也要练基本功。

比如写作。中国传统的培养方法，一个作家的训练就是读小说、评论小说，然后一篇接一篇地写完整的小说。除此之外大约就是要到各地体验生活，因为"功夫在诗外"。问题在于，中国大学的中文系从来没有成功地培养出一个像样的作家。面对这种局面，一般人马上会得出结论：写作靠的是天赋，作家不是培养出来的。但是美国大学是可以培养作家的，而且还培养了中国作家，比如哈金毕业于波士顿大学文学写作专业，严歌苓毕业于哥伦比亚学院文学写作系。《三联生活周刊》曾经对美国翻译家埃里克·亚伯拉罕森（Eric Abrahamson）有一个采访[13]，亚伯拉罕森曾经翻译过王小波的作品，对中国作家相当熟悉。采访中有一段对话值得直接摘录下来：

三联生活周刊：你觉得中国当代作家们的写作水平和英美一流作家相比有多大的差距？

亚伯拉罕森：我个人感觉在技巧上还存在一些差距，大部分中国作家几乎从来没有经过专业的写作训练。而在美国，专门的写作课程非常多，内容也很成熟。我知道很多中国作家对这种写作班非常不屑，觉得这种课程会带来一身工匠气，但这种写作班至少能够告诉你，如果你的小说写到 3/4 时崩溃，你该怎么办。一个真正的艺术家是不会被教坏的。

作家应该怎么培养呢？应该像训练小提琴手和篮球运动员一样练基本功。现在已经有很多中国大学开设了"创意写作"（也就是英文说的"creative writing"）硕士课程，学美式的写作训练。这种课程非常强调把写作也进行"分块"练习。复旦大学早在 2008 年就开始引进创意写作课，而且还请来了严歌苓的老师、哥伦比亚学院文学写作系的系主任舒尔茨教授夫妇给研究生上课。中文系教授严锋旁听了舒尔茨讲的课，很有感触[14]：

第一课，舒尔茨教学生怎样"听"。他让学生描述一个刚才听到的声音，不断追问下去：那个声音是什么颜色，什么形状，什么质感，给人什么联想？这是文学吗？听着听着，我突然有点明白了。舒尔茨教的是文学最物质化、最技术性的层面，就像我以前上吉他课时，老师让我们每天做的手指体操，俗话说的"爬格子"。也像钢琴课老师让我们弹的"哈农",极其枯燥单调乏味的手指练习。这些本身毫无艺术性可言的练习曲,却是通向艺术自由的必经之路。

重复! 重复! 再重复!

想要把一个动作套路,一个技能,哪怕仅仅是一个生活习惯,甚至是一种心态,"长"在大脑之中,唯一的办法是不断重复。

我到美国还在读研究生的时候,鉴于做物理研究需要经常作报告,导师出钱让我去学习了一阵子口语。我的口语老师叫安东尼娜·约翰逊(Antonia Johnson),第一次去这个口语班的经历完全出乎了我的预料。她居然在两个助手的帮助下,使用看上去很专业的录音设备,用两个小时的时间对我进行了一次语音诊断。我被要求使用不同的音调和音量(最后是扯着嗓子持续大喊一个声音看看能坚持多少秒),读了很多完全没有意义的句子,其中包括一些根本不存在的单词。第二次去的时候她发给我一份诊断报告,所有我读得不准确的英语发音都被标记了出来,这使得此后的训练非常具有针对性。在后来的训练中我们模拟了各种情境下的对话，包括一般闲聊和正式演讲，为了练习在电话中的发音，我每周得给她打电话。

可惜我未能坚持苦练，以至于到现在英文说得也不怎么样。但我要说的最有意思的还不是我的训练，而是这位老师的故事。作为一个专门教人说标准英语的老师，她本人居然曾经是一名口吃者！我曾经听说，口吃其实是一种心理疾病，要想根治必须改变一个人的情绪和处世态度。但约翰逊老师不这么看，她认为关键在于练习。她通过练习根治了自己的口吃，拿到博士学位以后又专门帮助别人克服口吃，等到发现外国留学生这个大市场，又把业务彻底转向了英语发音。好几年以后，我偶遇到她，这时候她的口语公司已经做大了，雇了好几个人，甚至有一个专门的程序员负责开发教学软件。

也就是说，很多通常被认为是心理疾病的症状是可以通过练习得到根治的。美剧《生活大爆炸》(*The Big Bang Theory*)里有个印度人拉杰(Raj)有恐女症，他在正常情况下不敢跟任何女生说话，这种症状其实是存在的。即使是在美国，也有很多人不敢跟异性说话，看来这不仅仅是传统文化的问题。加州有个"害羞诊所"，专门帮助那些不敢和异性说话的人克服害羞心理。这个诊所的专家不相信心理暗示疗法，他们相信练习。怎么治疗恐女症？他们的做法是设计各种不同难度的场合进行对话训练。最初是在房间内让学员们对话并进行角色扮演，然后是让学员直接跑到大街上找陌生美女搭讪或要求与之约会，难度最高的是让学员有意地在公共场合做出使自己难堪的事情，比如去超市把一个西瓜摔坏。

这种把不常见的高难度事件重复化的办法也是 MBA 课程的精髓。在商学院里，一个学生每周都要面对大量真实发生过的商业案例，学生们首先自己研究怎么决策，提出解决方案，最后由老师给出实际的结果并作点评。学习商业决策的最好办法不是观察老板每个月做两次决策，而是自己每周做 20 次模拟决策。军事学院的模拟战——飞行员在计算机上模拟各种罕见的空中险情，乃至丘吉尔对着镜子练习演讲，都是高效低成本的重复训练。

如果没有这种事先的重复训练，一个人面对不

常见的事件时往往会不知所措。统计表明，工作多
年的医生通过读 X 光片诊断罕见病症的水平反而
不如刚毕业的医学院学生，因为他们很少遇到这种
病例，而在医学院学到的东西也早就忘了。最好的
办法其实是定期地让医生们拿过去的旧 X 光片集
中训练，而不是期待在工作中碰到。

高度针对性

请允许我反对"功夫在诗外"。如果你要从事
创造性的活动，你得学会借鉴各个不同领域的东西，
的确是"功夫在诗外"。但是人们经常滥用这句话，
认为连学习都要讲"功夫在诗外"，这就完全错了。
对学习来说，你想要学什么就应该练什么，功夫就
在功夫上。我们追求的就是把这个特殊技能的特殊
神经网络"长"在大脑之中，别的都不必管。

但"功夫在诗外"的影响力实在太大了，人们
几乎一听说就会立即接受这个理论。曾经有个物理
学家转行做了神经学家，他做了个实验，发现听
10 分钟莫扎特音乐可以让一个人的智商测验得分
提高 9 分。[15] 这个发现实在惊人，但又非常符合

我们一贯的思维,谁不知道音乐对思考有好处?爱因斯坦不就喜欢拉小提琴吗?我们没想到的仅仅是这个效应居然如此厉害!智商提高9分啊!结果论文一发表立即引起轰动,媒体连篇累牍地报道,并且把这个效应正式命名为"莫扎特效应"(Mozart Effect)。

然而事实却是"莫扎特效应"根本不存在。没人能重复这个实验,在其他所有实验中听音乐对提高智商毫无帮助。这些后续的实验研究因为缺乏轰动效应,只得到了非常少的媒体报道[16],以至于今天你去图书馆和书店,仍然可以找到大量专门用来提高儿童智商的莫扎特音乐CD。哈佛大学的一项研究[17]更是表明,不但听莫扎特CD没用,就连专门的音乐培训对提高词汇和数理这些必备的智力认知能力都没用。

一个类似的例子是"小小爱因斯坦"(Baby Einstein)系列多媒体产品。这是一个非常著名的教育品牌,如果在网上搜索,你会立即找到大量相关的视频和产品信息,开发者迪士尼公司声称看这个视频有助于提高三个月到三岁孩子的认知能力。但是如果你搜索的是学术论文，你会发现所有研究都指出这些东西根本没用！当得知这些研究后，家长们竟然在 2009 年联合起来把迪士尼公司告上了法庭，而且迪士尼居然真的同意为所有在 2004 年到 2009 年间买过《小小爱因斯坦》DVD 的家庭退款！[18]

听 CD 看 DVD 没用，研究表明做那些号称能训练大脑的软件很可能也没用。[19] 打游戏对人脑的认知能力可能有用[20]，但也有研究认为没用[21]。不管是否真的有用，我们都可以想见就算有用其用处也不大。如果你想学好微积分，最好的办法是找本微积分习题集做，而不是用大脑训练软件去试图先把大脑磨快一点再学微积分，那等于缘木求鱼。

另一方面，如果针对性明确，那么看似无用的训练也可以很有用。2011 年 CBA 比赛中张兆旭的进步明显，原本身材薄弱力量欠缺的他突然变强了。据解说嘉宾王仕鹏透露，这其实是张兆旭打拳击的结果。[22] 我们干脆再一次引用姚明的话，他说："在 NBA，球员练拳击已经是非常普及的了，这除了可以帮助运动员提高自己的脚步移动速度，同时还可以帮助他提供上肢的力量……"

所以训练必须要有针对性，否则就是浪费时间。必须一切从实战出发，且有明确的每次训练要完成的目标。

想要掌握一项技能，要像运动员一样，不停地练习实战动作，不停地比赛，而不是不停地看录像。

❸ 随时获得反馈

王小波曾经有一篇文章叫《皇帝做习题》，说像编程和解几何题这样的事情，与我国古代文人写文章出理论有一个本质的区别，那就是前者做得对不对自己立即就可以知道，后者则不然。做几何证明题甚至不需要对照标准答案，证明了就是证明了。而计算机编程其实是最容易自学的项目之一，写出来的程序能不能正确运行，计算机立即就可以告诉你。

从刻意练习角度，这就是即时的反馈（immediate feedback）。在有即时反馈的情况下，一个人的进步速度非常之快，而且是实实在在的。如果没有这种反馈，比如说在没有网络的时代，一个文学青年自己闷在家里写小说，投出去的稿子全都石沉大海，想要提高水平就很难了。最大的可能性是他明明写得很差，却一心以为自己是个不得志的文学大师，如同王小波说的"像孟夫子那样，养吾浩然正气，然后觉得自己事事都对"。我们看到现在网络时代这种郁闷的文学青年越来越少了，因为他们完全可以把小说发在网上接受批评，如果大家都不感兴趣，那他就会明白的确不是主流编辑们在迫害他，而是自己真不行。

一定要有反馈

人在很多情况下会高估自己的知识。我们以为自己知道，其实不知道。如果一个学生把教科书里的东西看过好多遍，每次看的时候都感觉看得很明白，他会自认为已经掌握了，可是一旦考试就发现自己并没有真正理解。其实把一本书看好多遍，只是让我们对这个东西"熟悉"而已，而熟悉并不等于理解。想要真正理解，唯一的办法是考试和测验。这就是反馈！没有测验，你的知识只是幻觉。

自己对自己的看法，与别人对自己的看法，很可能会非常不同。"当局者迷，旁观者清"，我们需要一个旁观者来指出自己注意不到的错误。

现代科研体制中公认的最重要的一条反馈措施，叫做"同行评议"（peer review）。假如你有个科学发现，也写好了论文，不管你这个人的名气有多大，编辑有多么信任你，他也不可能立即把你的论文发表出来。编辑一定会找到一个或者几个跟你在同一领域的专家——这些专家的名气可以不如你——让他们先私下审查一下你的论文。他们会提出各种各样的意见，从研究方法有问题到语法有问题等，什么都管。审稿通常是匿名的，有时候审稿人提的意见实在无理，作者可能会感到非常恼火。

作为一个科研工作者，我既写论文也给人审稿。我注意到一个非常有意思的现象：哪怕只有一个审稿人，双方往来只有一次，也能让一篇论文的质量提高不少。仔细想想这其实有点奇怪，因为论文投出去之前作者往往已经修改了多次，而且通常是几个作者合作，每个人都要反复地看。可就是这样，审稿人仍然能提出相当过硬的意见，让你非得再修改不可。这是为什么呢？因为研究者在做这个项目的时候，他已经被他的想法所吸引，陷在里面，往往想的是"怎么把这个项目早日做成""怎么让人接受我的想法"。如果你的一切思维都围绕着"这么做是对的"进行，就不会再去从别的角度看这个项目。而审稿人在拿到论文之前对这个项目一无所知，他没有陷进去，反而能用更客观的眼光去看问题。

再牛的科学家，也需要同行评议，正如世界排名第一的网球运动员也需要教练一样。反馈者不见得比你的水平高，关键是他们不是你，他们可以从你看不到的角度看你。

立即反馈

科学家需要同行评议的反馈，而培养一个科学家，或者培养任何人才，光有反馈还不行，反馈还要有"即时性"，要让实践者立即得到反馈意见。

马尔科姆·格拉德威尔出过一本书，书名叫 *Blink*，中文译为《决断 2 秒间》。这本书说当面对一个很复杂的问题时，专家往往能够在一眨眼之间就做出判断和决定。这个决定的时间非常之短，我认为更合适的译名应该叫"决断毫秒间"。他们是怎么做到的呢？

先说容易理解的技术，那就是通过模式识别，或者说通过寻找关键特征，来做出快速判断。一件事情给你的信息也许是无比复杂的，但其中真正有用的也许就那么几项。专家要做的就是首先通过大量细致的数据统计来发现这几项有用的指标，以后只看这些指标就行了。比如听一对夫妇交谈 15 分钟，专家就能判断他们在未来 15 年内会不会离婚。专家看的最重要的指标不是双方是怎么争吵的，而是他们是否蔑视对方。吵架不可怕，一旦出现一方蔑视另一方的情况，这婚姻就快完蛋了。另一个更令人震惊的技术是"读心术"，其通过精确分析人脸部的表情来判断这个人心里在想什么，尤其是他是否在说谎。这个技术随着前几年美剧《别对我说谎》（Lie to Me）的流行，已经不新鲜了。

但是格拉德威尔还说了另一种快速判断。这种判断有点神秘，其依赖"直觉"，往往是无意识的，他称之为"薄片撷取"（thin-slicing）。格拉德威尔认为在做这种判断的时候人体仿佛有一台无意识的超级计算机，在我们意识到之前就先替我们做好了正确的决定，而这台计算机是怎么工作的我们不知道。比如一个资深网球教练总能判断出运动员什么时候会双发失误，但是他自己也不知道自己是怎么判断的。

格拉德威尔的这本书后来受到了很多专家的批评。心理学家认为这种直觉判断既不神秘，也不见得就比精心计算的判断更好。在《思考，快与慢》（*Thinking, Fast and Slow*）中丹尼尔·卡尼曼（Daniel Kahneman）说，专家的直觉只在某些特定领域才可能有效。什么领域呢？必须符合两条要求：

第一，你研究的东西所在的环境必须非常规范，以至于这个东西是可以预测的；

第二，通过长时间练习，人可以掌握这些规范。

卡尼曼说得有点绕口，希思兄弟（Chip Heath&Dan Heath）在另一本书——《决策》

（*Decisive*）中对这个问题总结得更好。他们调研了很多本书和相关研究，最后的结论是：直觉，只有在"环境友好"的状态下才好使。所谓"环境友好"，就是其中有短期的反馈（short-term feedback）。比如预测明天的天气，第二天你就能知道结果。[23]急诊室医生对危急病人的快速抢救也是如此，能不能救过来马上就知道。只要有快速反馈，再经过长时间的训练，你就能培养出专家的直觉，能够"眨眼判断"。

可是，如果反馈是中长期的，直觉就不好使了。我们可以再多想想这个问题。也许只有这样的"环境友好"领域，也就是有快速反馈的领域，才能培养出真正的专家。

老师的作用

韩愈说"师者，所以传道受业解惑也"。古代的私塾教育往往让学员先背书，搞得好多小朋友会背但不会解释，老师能不能解惑很关键。而现在的课本和各种辅导书极其全面，人们完全可以自学，聪明人更有很强的自学能力。那么，现代的老师的最大作用是什么呢？正是提供即时的反馈。世界上最好的高尔夫球球手，最好的国际象棋棋手，他们的比赛水平肯定超过自己的教练，可为什么他们还要请教练？一个重要原因就是教练能在训练中以旁观者的身份提供即时的反馈。

一个动作做得好与不好，最好有教练随时指出，本人必须能够随时了解练习结果。看不到结果的练习等于没有练习：如果只是应付了事，你不但不会变好，而且会对好坏不再关心。在某种程度上，刻意练习是以错误为中心的练习。练习者必须要对错误极度敏感，一旦发现自己错了就会感到非常不舒服，一直练习到改正为止。

从训练的角度，一个真正的好教练是什么样的？是应该经常跟队员私下谈心，能做好队员的思想工作吗？是能随时发表激情演说动员队员的战斗热情吗？是能够随时给队员提供反馈。约翰·伍登（John Wooden）是美国最具传奇色彩的大学篮球教练，他曾经率领 UCLA（加州大学洛杉矶分校）队在 12 年内 10 次获得 NCAA（美国大学生篮球联赛冠军）。为了获得伍登的执教秘诀，两位心理学家曾经全程观察他的训练课，甚至记录下了他给球员的每一条指令。[24] 结果表明，在记录的2326条指令之中，6.9%是表扬，6.6%是不满，而75%是纯粹的信息，也就是做什么动作和怎么做。他最常见的办法是三段论：演示一遍正确动作，表现一遍错误动作，再演示一遍正确动作。这样的训练就好比练武功，一招一式都需要有人随时纠正，若不对则马上改，以避免错误动作变成习惯动作。

与外行想象的不同，这位最好的教练从不发表什么激情演说，甚至不讲课，每次说话从不超过20秒。他只给学员非常具体的即时反馈。他要求给所有训练都做好无比详细的计划，甚至包括教运动员怎么系鞋带。好教练，仿佛有一种诡异的知道学员在想什么的能力，即使是第一次见面，也能指出学员在技术上最需要什么。他们是绝对的因材施教，源源不断地提供高度具有针对性的具体指导。

这种手把手的教法跟我们的现代化的学校教育格格不入。从小学到大学，我们的教育方式无不是老师站在讲台上讲，学生坐在下面听，反馈仅仅出现在课堂提问、批改作业和考试之中。如果是几百个人一起上课，就连这些有限的反馈也会被忽略。现在，很多大学把自己的课程录像放在网上，让世界各地的人随便下载学习。这当然是非常难得的举措，但这样的学习方式缺乏反馈。

学徒制

我认为真正的人才不是靠院系、课程、考试大纲的设置培养出来的。培养人才的有效办法只有一个，那就是学徒制。师父带着徒弟参与一个实际的项目，徒弟在试错中提高。不管是科研、工程还是艺术，都是如此。一个教育体制的关键不在于往学校里投入多少钱，而在于其是否提供了足够多、足够好的动手机会。

学徒制的历史比现代教育制度悠久得多，学任何一门手艺都得先当学徒。就是当代的工人进了工厂，也得先认个师父学一段时间。白领的工作，也得从实习做起。在文艺复兴时期的佛罗伦萨，各种行业都有自己的行会，学徒制度就在行会系统中。有志于艺术的男孩从 7 岁起就要跟随一个大师全职当学徒 5—10 年。学徒们很早就直接参与第一手艺术创作，从打杂开始，到临摹，到跟大师合作，再到独立完成作品。

跟古代这种从小就开始当学徒，一旦选定了专业就一边干活一边学的制度相比，现代教育系统把人摁在课堂上听很多年课的做法其实是非常不科学的。一个好的教育系统应该让学生干什么呢？至少应该做以下这些事情：

（1）自己调研相关知识；

（2）独立或者跟人合作完成项目；

（3）到相关企业实习，把知识用上；

（4）写论文。

然而现实情况却是：一个老师要面对几十甚至几百个学生，学生们根本不可能获得反馈，他们唯一能得到的反馈就是考试。不但如此，连考试也被进一步简化，复杂的答题方式被减少，最后剩下的是一大堆选择题，直接让计算机给你反馈。大学毕业生工作以后往往会发现自己以前学的很多知识根本用不上，反而在工作中边干边学了一些有用的东西，换句话说，他们这时候才开始了真正的教育，这个教育还是学徒制。可是我们反过来想，如果让他从 18 岁就开始边干边学，难道这些工作就做不了了吗？如果早点实行学徒制，完全可以更快更好地培养人才。[25]

美国的基础教育受到过很多批评，但美国的研究生制度却毫无疑问是全球最好的。这个制度正是学徒制。导师的英文是"advisor"，这个词放在学校以外是顾问的意思，比如"总统军事顾问"。导师允许学生有相当的独立性，你原则上可以选择自己喜爱的项目，而导师给你提供建议和随时的反馈。研究生入手的项目不再是为了训练，而是一上来直接就是真正的科研，以发表论文为目的。在这个阶段，什么知识学过什么知识没学过已经变得毫无意义，没学过就立即去学，总之必须把这个东西做出来。研究生跟导师的互动并不总是令人愉快的，有时候导师不太愿意给反馈，有些导师可能会给错误的反馈，但总体来说，学徒制远远超过其他任何制度。我国目前的研究生教育大体效法美国，但面临好导师太少的问题，往往是一个导师带十几个甚至几十个研究生，这种"师徒比"，学徒是没法获得足够反馈的。

我们来看看贝尔实验室的学徒制景象。这是一个伟大的实验室，晶体管、激光、太阳能电池、C语言、Unix 操作系统和无线电天文学都诞生在贝尔实验室，而且还有 7 个诺贝尔奖获得者。乔·格特尼（Jon Gertner）写了一本书，《贝尔实验室与美国革新大时代》（*The Idea Factory: Bell Labs and the Great Age of American Innovation*），专门介绍贝尔实验室是怎么创新的。2012 年，这本书的一部分内容在《纽约时报》发表[26]，其中提到了学徒制度。以下内容摘自黄小非的翻译版[27]：

被难题缠身的菜鸟员工，惶恐不安的无名小辈，他们在贝尔都有自己的导师，这些导师可都与那些"写书人"和大牛一起工作，关系密切。一些贝尔实验室的新员工往往对此感到震撼，因为他们被告知可以向著名的数学家，诸如 Claude Shannon，或者传奇物理学家 William Shockley 直接提出自己的疑问。而且，贝尔实验室的策略是，大牛们不允许回避菜鸟们提出的问题。

4 刻意练习不好玩

统计表明，在中小学里，高智商的孩子的成绩普遍要更好一些。但聪明最管用的时候是少年时代，在小学里同一个班的孩子可能智力相差极大，而且这种差异可以体现在他们的成绩上。如果是在大学里呢？既然这些学生在同一所大学上学，他们的聪明程度想必也不会相差太多。是什么因素决定了大学生的成绩差异？

最初，心理学家们猜测是学生投入的学习时间。在 20 世纪七八十年代，至少有 6 篇论文[28]研究了大学生的学习时间与他们的 GPA（Grade Point Average，平均学分绩点）的关系。我们可以想象，那些以前基础比较好的学生很可能不用投入太多时间也能做得不错，而以前基础不好的学生必然要花更多时间追赶，所以在做这个研究的时候，必须把学生此前的基础，比如说入学成绩，都考虑进去，以免结果被这些因素影响。

这些论文的结论相当一致：二者基本没关系。

很多学校号召学生把大量时间投入学习，比如我的母校就号称学习要学到"不要命"的程度。但事实却是你无法从一个大学生每周投入学习时间的长短来预测他的期末考试成绩。假设有两个大学生，他们的入学成绩完全一样，在同样的班级上同样的课，其中一个人，A，每周用 30 个小时学习，而另一个人，B，每周学习时间不超过 20 个小时。这些论文的研究结果是，A 的成绩未必比 B 好。

这个结论简直违反常识。如果这两人的基础一样，难道不应该是更用功的那个成绩更好吗？

关键在于，学习时间长不等于用功。一直到 2005 年，"刻意练习"概念的提出者安德斯·埃里克森（Anders Ericsson）领导的小组研究[29]表明，决定性的因素不是学习时间，而是学习环境。研究者对佛罗里达州立大学的学生进行了以下几个方面的统计，看到底哪些因素与学习成绩有关：

（1）以往学期的 GPA、高中成绩、大学入学前的 SAT 考试成绩；

（2）上课出勤率；

（3）学习计划；

（4）学习环境；

（5）课外工作的时间；

（6）参加聚会的时间。

很显然，如果一个人整天参加聚会又不爱上课，他的成绩不太可能会好。但爱参加聚会和不爱上课这两项其实是相关的，它们只是说明这个人怎么样，而不能说明这个人的学习能力怎么样，而且这个因素已经包含在了这个人以往的学习成绩之中。如果我们想"预测"一个人在本学期的成绩会怎样，研究人员发现，排除以往成绩的话，只有一个因素能预测他成绩的变化，这个因素就是学习环境。

成绩好的学生必须在一个不受打扰的环境中单独学习。只有在这种环境下学习的时间才是有效时间。更进一步，哪怕这个学生以前的成绩很差，只要在这一个学期他做到了在安静的环境中单独学习，那么他的成绩将在这一个学期获得提高。多上课和少去聚会，似乎就没有同样的效果。

获得安静的环境其实不难做到，一般大学的教室和图书馆都相当安静，问题在于很多学生学习的时候都戴着耳机听音乐。我曾经看到美国一个报道说，如今的大学图书馆里绝大多数学生都在听音乐，其中的一个学生还跟记者说了一句特别有诗意的话，"silence is deafening"（这句话其实不是他发明的），我受不了安静，安静太刺耳！其实，这些听着音乐学习的人应该放下书本专心听音乐才对，因为他们的学习时间长短与考试成绩无关。

单独练习

有个著名的小提琴家说过，如果你是练习手指，你可以练一整天；可是如果你是练习脑子，你每天能练 2 个小时就不错了。高手的练习每次最多 1—1.5 小时，每天最多 4—5 小时。没人受得了更多。女球迷们可能认为像贝克汉姆那样的球星整天就知道耍酷，她们不知道的是很少有球员能完成贝克汉姆的训练强度，因为太苦了。

刻意练习不好玩。它要求练习者调动大量的身体和精神资源，全力投入。如果你觉得你在享受练习的过程，那你就不是刻意练习。找一本小说边喝咖啡边看，在一个空闲的下午打场球，这样的活动都非常令人愉快，但是做得再多也不会提高技艺。很多人每周都打一场网球或者高尔夫，打了 25 年也没成为高手，因为他们不是在刻意练习，他们是享受打球的乐趣。很多年轻人追求一种散漫的风格，干什么事情都是一副无所谓的态度，认为在打打闹闹中学习的人很酷，这是非常愚蠢的。能够特别专注地干一件事才是最酷的。

前面我们说过科学家们曾经非常细致地调查了一所音乐学院，这就是西柏林音乐学院，这里培养了众多实力超群的小提琴高手。[30]研究人员把这里的所有小提琴学生分为好（将来主要是做音乐教师），更好和最好（将来做演奏家）三个组。这三个组的学生在很多方面都相同，比如都是从 8 岁左右开始练习，甚至现在每周的总的音乐相关活动（上课、学习、练习）时间也相同，都是 51 个小时。

研究人员发现，所有学生都了解一个道理：真正决定你水平的不是全班一起上的音乐课，而是单独练习。

（1）最好的两个组的学生平均每周有 24 小时

的单独练习，而第三个组只有 9 小时；

（2）他们都认为单独练习是最困难也是最不好玩的活动；

（3）最好的两个组的学生利用上午的晚些时候和下午的早些时候单独练习，这时候他们还很清醒；而第三个组利用下午的晚些时候单独练习，这时候他们已经很困了；

（4）最好的两个组不仅仅练得多，而且睡眠也多。他们午睡也多。

所以我们再次发现所谓"一万小时"实在是个误导人的概念。练习时间的长短并不是最重要的，真正的关键是你"刻意练习"——哪怕仅仅是"单独练习"——的时间。哪怕你每天的练习时间跟那些将来要成为演奏家的同学一样，如果不是单独练习，你也只能成为音乐教师。

那么，用什么因素区分出更好的组和最好的组呢？是学生的历史练习总时间。到 18 岁，最好的组中，每位学生平均练习了 7410 小时，而第二组是 5301 小时，第三组 3420 小时。第二组的人现在跟最好的组一样努力，可是已经晚了。可见要想

成为世界级高手，一定要尽早投入训练，这就是为
什么天才音乐家都是从很小的时候就开始苦练了。
换句话说，他们赢在了起跑线！这样看来，只有建
立在刻意练习的基础上，总的练习时间才有意义。

一帮人在一起合练可能很有意思，也相对轻松
一些。但只有单独练习才能快速进步。

练习与娱乐

在刻意练习中没有"寓教于乐"这个概念。我
们生活在一个试图把一切东西都娱乐化的时代，我
们希望看个电影就能学到知识。有时候我们也看纪
录片——在这个时代，似乎看纪录片这个行为本身
就已经是值得在微博炫耀一番的了，我们看纪录片
就是为了学习，这总没错吧？

事实是，你看纪录片也是为了娱乐。兰迪·奥
尔森（Randy Olson）曾经是海洋生物学教授，后
来改行去做了纪录片导演。他在 *Don't Be Such a
Scientist*（《不要当这样的科学家》）一书中告诉
我们，电影这个东西根本就不是一个教育工具，哪
怕是纪录片。他举了一个例子。无脊椎动物一共有

35 种，其中只有几个是有意思的，比如章鱼和鱿鱼，有的可以在一秒钟内变换颜色，有的有人眼一样复杂的眼睛。而剩下的其他种类就比较单调乏味了，像虫子一样，没人感兴趣。如果你要拍一个关于无脊椎动物的纪录片，你应该怎么拍呢？你必须着重介绍那些有意思的种类！你必须时刻让观众保持兴趣！如果你在电影里画个无脊椎动物分类图，再找个老教授详细介绍每一种无脊椎动物的学术特点，观众早就睡着了。可是如果是相关专业的大学课堂教学，学生们就必须学习全部种类，他们还要把每一种类的细节整理成系统化的形式，而且要重复学习。

《舌尖上的中国》是一部非常成功的纪录片，它之所以成功就是因为它非常符合观众的需求。有一个理论说，观众在看纪录片的时候疲劳周期只有 8 分钟，所以陈晓卿导演需确保任何一个故事都必须在 8 分钟内讲完。[31] 我们看了《舌尖上的中国》，会对中国的饮食文化产生极大的兴趣和自豪感，但是谁如果说要从这个片子中学到什么理论，那就是胡说了。纪录片对科学的作用并不在于让观众学到什么知识，而是激发观众对科学的兴趣。电影和电视是一种很好的激励手段，但不是好的教育手段。

读到这里一定会有人说，很多纪录片也讲了真正的科学知识啊，甚至有的还提到逻辑性很强的理论，有的还有数据，我怎么就不能从中学到知识呢？没错，你看完任何一个纪录片后都会有一种获得知识的感觉，但这种感觉很有可能是错觉。尼尔·波兹曼（Neil Postman）在《娱乐至死》（*Amusing Ourselves to Death*）这本书里特别提到这个问题。有人说"当信息通过戏剧化的形式表现出来时，学习的效果最明显"。可是波兹曼列举了各种研究成果，发现这句话纯属扯淡，因为事实证明电视上的信息很难被记住："51％的观众看完一个电视新闻节目几分钟后无法回忆起其中的任何一则新闻……普通的电视观众只能记住电视剧中20％的信息……"

如果你想学点知识，最好的办法是找本书——最好是正规的教科书或者专业著作——然后老老实实地找个没有人的地方坐下反复读，而且还要自己整理笔记，甚至做习题获得反馈。如果你坚持不了8分钟，你就不适合学这个。

练习需要重复，而重复一定不好玩。教育需要全面，而娱乐一定只关注其中好玩的部分。所以娱乐跟学习必然是不相容的，如果你是在娱乐，你就不是在学习。你可以用娱乐的手段号召人去学习，但娱乐本身绝对不是学习。

"寓教于乐"是个现代社会的发明，从来没有哪位古代哲人认为应该寓教于乐。波兹曼振聋发聩地写道：

教育哲学家认为获得知识是一件困难的事情，认为其中必然有各种约束的介入。他们认为学习是要付出代价的，耐力和汗水不可少，个人的兴趣要让位于集体的利益。要想获得出色的思辨能力对年轻人来说绝非易事，它是异常艰苦卓绝的斗争。西塞罗说过，教育的目的本来应该是摆脱现实的奴役，而现在的年轻人正竭力做着相反的努力——为了适应现实而改变自己。

吃苦已经过时了，这个时代的所有人都是幼儿。刻意练习是个科学方法，值得我们把它运用到日常工作中去。但显然我们平时做的绝大多数事情都不符合刻意练习的特点，这可能就是大多数人都没能成为世界级高手的原因。考虑到刻意练习是如此的不好玩，我猜我们也没必要过分可惜自己没能成为天才这个事实。

但是为什么仍然有人能坚持刻意练习呢？

⑤ 谁愿意练习一万小时？

每一个神童背后，都有一个能豁出去让自己的孩子猛练的父亲。莫扎特、马友友、郎朗，这些音乐天才的共同特点是他们从小就在父亲的监督下学音乐，甚至可以说父亲是他们成长中起到最决定性作用的人物。其中钢琴家郎朗的父亲郎国任则做得可能有点过了。他对郎朗的要求如此之严，寄予的期望如此之大，甚至发生了因为误会郎朗贪玩没有按时练琴就逼他自杀的事情。[32]

以前中国流行一句话，"不要让孩子输在起跑线上"，现在这句话已经被批成了反动言论。人生难道不是一场长跑吗？你像跑短跑一样赢了起跑线，后面没劲了怎么办？没错，对绝大多数普通人来说的确如此，小时候应该寓教于乐，年轻时代应该充满阳光地挥霍一下青春，中年以后应该好好享受生活。但是对于某些不想当普通人，一心想要出人头地的人来说，输了起跑线就没有机会参加后面的比赛了。

在前面讲到的关于西柏林音乐学院的那个研究中，第二组和第一组的学生每周都有 24 个小时的单独练习时间，可见这个时间已经很难再增加了。刻意练习需要学习者的精神高度集中，是一种非常艰苦的练习，人的精力只能做到这么多。但是第一组是为将来做职业演奏家培养的，而第二组的学生只不过比将来要做钢琴教师的学生好而已。决定这两个组学生实力差距的，是他们的历史总练习时间。到 18 岁，第二组比第一组少练了 2000 多个小时——现在他们一样努力，可是已经晚了。

音乐如此，体育也是如此，一步赶不上就意味着步步赶不上。的确，很多人因为用力过猛输掉了后面的比赛，很多人将会被淘汰，但是也有极少数人能够一路赢下来。他们不但赢了起跑线，而且接二连三地赢了后面的比赛。世界就是属于这极少数人的。世界并不需要一千个钢琴大师或者一万个足球明星，这些少数的幸运儿已经把所有位置都占满了。如果你想享受快乐童年，你的位置在观众席。

刻意练习不好玩。伟大的成就需要放弃很多很多东西，而这种放弃并不是没有争议的。耶鲁大学法学院教授蔡美儿在 2011 年出了本书——《虎妈的战歌》(*Battle Hymn of the Tiger Mother*)，它讲述了一个在美国的华裔母亲是怎么严格要求自己的孩子的故事。这本书轰动一时，引起了激烈的讨论。虎妈要求两个女儿只能练钢琴或者小提琴，不能玩别的乐器，不能参与任何与学习无关的课外活动，没有社团、没有演戏、没有公益，只能学习。这种做法对自己的孩子人道吗？对别人的孩子公平吗？对社会有益吗？

我不知道虎妈的育儿法是否对整个社会有利，但我相信虎妈一定明白一个道理：如果你想出类拔萃，那么你要参与的这场竞争很大程度上是个零和博弈——你想赢就意味着有人要输，你拿到这个位置就意味着有人拿不到这个位置。像这种博弈对社会有没有好处对你来说不重要，你关心的是怎么做对自己有好处。这个博弈没有双赢。

这不是一般人玩得起的游戏。

孤注一掷

体育、音乐和表演，都是高投入高风险的事情，明星的背后是无数个失败的垫背。想要成功，就得练习一万小时，但考虑到机遇因素，即使你练了这一万小时也未必能成功，这其实是一场赌博。为什么美国大多数体育明星都是黑人？黑人身体素质好只是一方面，更重要的是但凡有点能耐的白人家庭都不会让孩子把赌注押在体育上。在阿根廷、巴西、葡萄牙和英国这些传统足球强国，只有不太富有的家庭的孩子才从小就把踢足球当做此生追求。C.罗纳尔多小时候家里地方太小，以至于冰箱得放在房顶上；英国所有球员都来自工人阶层，以至于中产阶级孩子就算想踢球都无法融入队友的

"文化"。[33]这些运动员认定体育是他们最好的出路，他们放弃考大学找工作过平淡生活的机会，孤注一掷，成不了明星就只能当垫背。他们的赌注是自己全部的前途。像花样滑冰这样的项目在没有举国体制的国家诚然只有富人才玩得起，那些供子女练这些项目的家庭必须持续不断地投入巨资聘请好教练，这又何尝不是一场赌博？

下这么大赌注练习，绝对不仅仅是为了博女朋友一笑，与之对等的回报是整个世界的认可。高水平的运动员有一个共同特点：他们非常、非常、非常想赢得比赛。

也许很多人认为篮球巨星的最重要素质必然是"热爱篮球"，但在迈克尔·乔丹（Michael Jordan）传记《为万世英名而战》（*Playing for Keeps*）一书中，作者大卫·哈伯斯塔姆（David Halberstam）告诉我们，真正使乔丹成为巨星的"素质"，是对失败的痛恨。为了赢球他可以做任何能提高自己技能的事情，而且这种素质是在被踢出校队以后才在他身上表现出来的。有一位教练回忆他第一次看乔丹打球时说[34]：

当时场上的 9 个球员都在"例行公事",而有一个孩子却在全力以赴。看他打得那么拼命,我以为他的球队正以 1 分落后,而比赛还有 2 分钟结束。然后我看了一眼记分牌,现在他的球队落后 20 分,而比赛还剩 1 分钟!

乔丹在整个职业生涯中都是所有球员中最想赢球的,他总是有极强的目的性,永远都想改进自己的技术弱点。他对赢球是如此渴望,以至于他会骂那些不努力的队友,公牛队的新秀在第一年时往往都会抱怨受不了乔丹的骂。

传统的中国文人非常不喜欢谈论名利,认为做事业最好是为了兴趣、责任感和集体荣誉,甚至最好把从事某项运动当成修身养性的机会。而我们看到的高水平运动员恰恰不是这样。他们上场不是为了跟对方球员交朋友,也不是为了展现自己的精神面貌,甚至也不是为了打出赏心悦目的比赛。他们上场是想赢!

中国的独生子女制度使得一般家庭都把自己的

孩子视为掌上明珠，像郎国任那样能把儿子豁出去猛练的家长非常少。再加上现在考大学更容易而且经济发展很快，把前途赌在足球上显然不是最理性的选择，中国的足球人口下降是必然的。缺乏有效竞争，又拿着高工资，中国球员当然没必要太拼命。不拼命，对于竞争不太激烈的运动来说无所谓，但对像足球这样的国际竞技水平极高，竞争无比激烈的运动来说就意味着出局。

不论是中超外援还是外籍教练，对中国队的一个共同评价是中国球员缺少强烈的取胜欲望。马拉多纳 2012 年访问中国期间曾接受《体坛周报》的采访，他说[35]：

在我执教和观看的球队中，我看到过很多优秀球员，但他们和我之间总有一个差别，这个差别非常重要，那就是我比他们更热爱足球，更想赢得一切。

你可能觉得这实在太功利了。功利就对了。实际上，如果你想让你的孩子学习更好，你可以尝试更功利一些。

奖励机制

一般人当然用不着孤注一掷地刻意练习，但还是需要一点刺激才能练下去，因为只要是有用的练习都不好玩。

美国公立学校系统每年在每个学生身上要花费一万美元以上的办学费用，但是成效却相当不好。有些美国的教育问题在中国人看来简直匪夷所思，比如高中的退学率。2009 年，美国高中毕业生的平均年收入是 27380 美元，而高中退学生的平均年收入则只有 19540 美元。只要你能拿到高中毕业证，年收入就能提高将近 8000 美元，这个交易难道还用想吗？但即使这样，低收入家庭的学生却有 9％ 的退学率，在市区的某些地方，退学率竟能高达 50％。这些学生退学并不是为了打工挣钱养家，而是受不了聚会、游戏和毒品的诱惑，他们根本没心思上学。

经济学家尤里·格尼茨（Uri Gneezy）和约翰·李斯特（John List）[36]，在 2008 年得到一笔意外的私人捐款，捐款人希望他们研究一下改善教育的办法。于是他们就研究了怎么用花钱的办法改善教育。他们找了个高中，随机选择了 400 个高一学生，对他们宣布了以下政策：

（1）给每个学生一个量身定制的成绩标准（这个标准并不难达到，比如所有科目成绩在 C 以上），如果学生能达到这个标准，且没有无故旷课的行为，那么他/她就能每月获得 50 美元的奖励；

（2）每月举行一次抽奖，在所有达到标准的学生中随机抽 10 人，每人给 500 美元的奖金，并在发奖当天用加长悍马送获奖者回家；

（3）对于未能达标的学生，研究者会帮着他们想办法，包括打电话提醒。

结果相当不错，边缘学生的成绩被提高了40%。不但如此，实验组的学生在实验结束之后，因为已经养成了更好的学习习惯，到了高二仍然比没有参与实验的控制组学生表现得好。研究者估计，大约有 40 个原本会辍学的学生会因为这个实验而能拿到高中文凭。考虑到他们在未来会因此而增加的收入，这笔钱花得很值。

格尼茨和李斯特还测试了别的奖励办法，比如在考场上当场宣布如果你这次的成绩比以前好，就发给你 20 美元。结果实验组学生的成绩立即提高了 10%——知道有奖金的时候已经在考场上了，所以这肯定不是刻苦学习的结果，而只能是学生们因此在考试中付出了更多的努力，要知道孩子们通常缺少做题的意志力。

花钱收买孩子学习！这对中国人来说未必有多么令人震惊，大概每个家长都用过物质刺激的办法。我和我弟弟小时候如果考得好，父母至少也会奖励一顿好吃的，只不过从来没有这么赤裸裸地直接发钱而已。罗伊·鲍迈斯特（Roy Baumeister）和约翰·提尔内（John Tierney）在《意志力》（*Willpower*）这本书中认为，亚裔家庭的孩子之所以意志力更强，跟家长给的奖励制度很有关系。其他族裔的家长给孩子买东西往往是兴之所至，或者过生日的时候买。而亚洲家长往往对孩子有清晰的目标：你必须完成这个目标才能获得奖励。比如一个韩国人的两个女儿如果在超市柜台要巧克力，家长就会借机要求她们在一周之内看完一本书，如果能做到这一点，那么在下次来超市的时候就可以买巧克力了。想要车可以，但不马上买，必须考进医学院才给买。

但是这种完全根据成绩发奖励的做法也有问题。哈佛大学经济学家罗兰·福瑞尔（Roland Fryer）在 2007 年曾做过一个类似的奖励实验[37]，他的实验学生人数高达 18000 人，总奖金则是 630 万美元。罗兰在 4 个不同城市测试了 4 种"发钱"的策略：

（1）在纽约，学生直接根据考试成绩拿奖金：四年级学生每次考试最多挣 25 美元，七年级 50 美元；

（2）在芝加哥，九年级学生每次考 A 可以得到 50 美元，B 为 35 美元，C 为 20 美元，每年最多不超过 2000 美元，但与纽约不同的是，这笔奖金的一半要等到高中毕业以后才能拿到；

（3）在华盛顿，参与实验的中学生根据日常表现来获得奖金，比如按时到学校上课，不攻击同学等，表现好的每两周可以获得 100 美元；

（4）在达拉斯，受试者都是二年级的小学生，如果他们能读完一本书并且通过关于这本书内容的测验，就可以获得 2 美元，且每年最多只能得到 14 美元。

猜猜哪个策略最成功？结果是纽约的实验完全失败，跟不享受奖金制度的控制组相比，实验组的学生成绩没有任何不同。芝加哥的实验组学生的确为了拿奖金而更多地上课，而且取得了更好的成绩，可是他们的最后期末标准化考试成绩却并不比控制组更好。华盛顿实验组的学生表现更好，他们在期末的标准化考试成绩也比控制组好。而表现最好的竟是达拉斯的二年级小学生，他们通过读这 7 本书，在期末的标准化阅读理解考试中成绩取得了极大的提高。

我们很难对这个实验做出更多解读。一个可能的结论似乎是奖励学习的过程，比只看学习的结果效果更好。研究人员访问纽约和芝加哥参与实验的学生时发现，这些学生都很想提高自己的考试成绩，但是他们不知道怎么提高。这个研究似乎再次说明练习方法的重要性。[38]

对这些奖励办法的批评是："要我练"怎么也

比不上"我要练"。但我所见到的与刻意练习有关的理论并不区分"要我练"和"我要练",你只要按要求练了就行。无论如何,设定一个具体的阶段性目标并且按照这个目标努力不失为一个好办法。有了目标就有了参照物,你就可以自己监督自己,甚至让别人监督自己。2009 年,摄影师丹·迈克劳林(Dan McLaughlin)看过《异类》这本书之后,决心辞职,练习一万小时,成为职业高尔夫球手。他把自己的练习过程全程公布在网上,这样任何人就都可以监督他。[39]他认准了"一万小时"这个死理,每天给自己倒计时,说我现在还剩 × × 小时!中国年轻作家彭萦也在搞一个类似的一万小时倒计时,她每年在博客公布自己的进度总结。[40]

那么,到底有没有人,不需要别人"要我练",而完全是自己"我要练"呢?

当然有,这帮人有基因优势。

兴趣与基因

我们的社会就是这样,如果一个人说他苦练是为了出人头地，记者们就会鄙视他；如果他说苦练仅仅是为了兴趣，记者们就会仰慕他。但兴趣是真的。有的孩子似乎天生就对某一领域感兴趣，别人觉得很枯燥的活动，他们乐此不疲。就算明知干这个不能带来金钱和荣誉，他们还是愿意干。他们觉得干这个是他们生活的一部分，甚至这就是他们生活的目的。"感兴趣"当然并不一定说明他能做好，就算不感兴趣只要愿意练，也能练成。兴趣最大的作用是让人自己愿意在这个领域内苦练。

学习一个技能的初期，智商可能是决定性因素。但是随着学习的深入，兴趣的作用可能就越来越大了，因为兴趣可以在相当大的程度上决定谁能坚持下来。

国外的标准化考试，经常使用"百分位"（percentile）来表示一个学生的排位等级。成绩越好百分位越高，如果你的百分位是89%，则说明有89%的学生的成绩不如你。德国的一项研究[41]，找到3500个五年级学生，拿到他们的数学成绩和智商测试成绩，结果一目了然：智商越高的数学成绩越好。但是这项研究真正想要知道的是学生的"内在动力"对数学成绩的影响，所以研究者对这些学生做了关于学习动力和学习方法的调查，调查的项目包括以下几项。

（1）内在动力：你是否纯粹因为喜欢数学而愿意在数学上多花时间？

（2）外部动力：来自家长的压力，对好成绩的追求。

（3）学习方法：你靠的是死记硬背，还是深入理解，你是否能把数学知识用于日常生活？

5年后，这些学生上到十年级，研究者再次取得他们的数学成绩。结果非常有意思。真正能决定一个学生进步幅度的不是智商，而是内在动力和学习方法。如果一个学生在五年级时的成绩百分位只有50%，但是其内在动力和学习方法却排在前10%，那么他到十年级的时候成绩排位可以前进13个百分点达到63%。智商则没有这样的作用。更重要的是，外部动力——纯粹为了赢，或者纯粹为了让家长满意——不能长久地提高数学成绩。

我们应该怎么理解这个研究和前面提到的那些用钱收买孩子的研究呢？外部刺激到底有没有用？

我认为真相很可能是这样的：外部刺激有短期的作用，但是不可持续。李斯特等人的奖金的确可以让一个即将退学的高中生坚持完成学业，甚至能让对方坚持到高中毕业，但这种坚持仍然是非常有限的。他可以坚持一两年，但很难坚持 5 年。你可以把一个边缘学生勉强拉住让他不掉队，但你很难用钱把他砸成数学家。至于那些玩命苦练的职业运动员，他们固然有极强的取胜欲望，但如果一点兴趣都没有那也是不可能的。

既然兴趣是如此重要，最好的早期教育就应该是先慢慢培养兴趣。我曾经听说，如果你统计那些钢琴大师的授业恩师，他们当然都是顶尖名师；可是如果你统计这些大师的启蒙老师，他们人生中的第一位钢琴老师，你会发现这些老师往往并没有什么名气。这些启蒙老师并非都是钢琴高手。但这些老师有一个共同的本领：他们非常善于调动孩子对钢琴的兴趣。他们能让孩子一上手就爱上这个乐器。

如果能建立起兴趣，我们希望这个兴趣能在练习过程中，随着练习者能力的提高，练习难度的增大，而越变越强。在理想的状态下，整个过程可以形成一个正反馈：最初，这个孩子在音乐中有一点超出同伴的兴趣，于是他主动练习；因为练习了，所以不仅仅是他的兴趣，他的音乐技能也超出了同伴；于是他的兴趣更大了，他进一步猛练；他在比赛中获奖，于是他把目标定为成为顶级高手；在追逐这个目标的时候他发现音乐真是个博大精深的项目，越练越有兴趣。也许很多科学家的成长就符合这个理想模型。

很多为了奥运金牌，甚至纯粹为了奥运金牌带来的奖金而练习的运动员最后也能拿到奥运金牌。他们往往功成名就后就退役经商去了，他们的确证明了，对那些竞争不是特别激烈的运动项目来说有没有兴趣并不重要。但有些顶级的运动员却达到了兴趣与事业并进的理想境界。这样的人物，几乎可以肯定是"天生的"。

现在我来介绍一下科学家对"基因与兴趣"这个问题的最新理解[42]，这部分内容可能会引起激烈的争论，特意放在这一篇的最后。

科学家多年以来最感兴趣的一个问题是，到底人的哪些特征是天生的，哪些特征是受后天教育和环境影响的？我们可能会以为凡是天生的，就必然被记录在这个人的 DNA 编码之中，凡是后天的，就必然不在 DNA 之中。但事情比这个要复杂得多，因为环境可以影响基因表达，也就是说即便你的 DNA 里有绘画的天赋，但是如果你没遇到这个环境，你的天赋也完全表现不出来。更复杂的是人的任何一个特点都不是由一个基因决定的，它往往是很多个基因共同作用的结果，而且基因可以跟基因互相影响，互相构成各自的环境，这就使我们几乎不可能单凭查看一个人的 DNA 来判断他有什么天赋。

但是科学家仍然找到了一个非常漂亮的办法来区分先天基因和后天环境对人的影响，这就是同卵双胞胎（identical twins）。同卵双胞胎连长相都一模一样，我们可以大致认为他们有完全相同的基因。如果有一对双胞胎从一出生就被父母遗弃，又被背景完全不同的两个家庭分别收养，他们在不同的环境中长大却互不相见，直到成年以后科学家才把他们找到，看看这两人有什么相同点和不同点，这样我们不就知道哪些因素是天生的，哪些是后天养成的了吗？严谨起见，科学家必须能找到很多对这样的双胞胎，再把他们跟那些从小在一起长大的同卵双胞胎对比，使用严格的统计方法，才算好的科学研究。好在科学家有足够多的人力、物力和时间来做这种事情。

这种研究进行了几十年，科学界的共识是，先天因素远远大于后天因素。

首先，任何一种能够测量的特征，包括智商、兴趣爱好、性格、体育、幽默感，甚至爱不爱打手机，所有这些东西都是天生的。

其次，后天环境对智力和性格的影响非常有限。先天因素是主要的，后天因素是次要的。哪怕家庭环境可以在一定程度上左右一对同卵双胞胎小时候的行为，以至于他们可能会有不同的爱好和个性，但等他们长大以后，他们的先天特征会越来越突出，他们会越来越"像"！他们在摆脱家庭对他们"真实的自我"的影响！注意，这并不是说家教完全没用。家教可以左右基因表达，可以鼓励孩子发挥他天生的特长，也可以压制他天生的性格缺陷。只不过这个作用是有限的。

最后，一个针对两岁儿童的研究[43]发现，越是社会经济地位高的家庭，基因对孩子的影响越大；越是社会经济地位低的家庭，环境对孩子的影响越大。这大概完全是因为贫困家庭的孩子得不到充分发展的环境，他们被环境给压制了；而富裕家庭的孩子却可以天高任鸟飞。当然，这个研究说的是两岁的小孩，根据前面的结论，成人以后所有的孩子都有可能发挥自己的能力。

所以，一个人爱好什么，喜欢干什么，能死心塌地地在什么方向上刻意练习，基本上是天生的。

人并不仅仅被动地等着被环境改变，有一个理论[44]认为，自然选择给了每个人不同的基因，而人可以出去寻找自己的基因所喜欢的环境，也就是那些能给我们"自私的基因"提供最大的生存和复制机会的环境。基因决定喜好，喜好决定我们追求什么。

达尔文的父亲想让他学医，达尔文也的确进入医学院学习了，他报了很多医学课程，但发现自己就是不喜欢这些课程。[45]他更喜欢观察鸟类，喜欢地质学和自然史。有多少人对昆虫感兴趣？达尔文喜欢采集植物和搜集甲虫。等到有一个远航考察的机会，他不顾父亲反对立即就去了。他决定听从自己基因的召唤。

也许兴趣就是大师们最大的先天因素。每个人都有天生的不同兴趣，区别仅在于有的人足够幸运，能够在比较早的时候就找到适合自己兴趣的环境，而有的人一辈子也没找到。找不到，未必是这个人不行，更大的可能性是整个环境都不行。如果达尔文出生在中国，根本就没有出海远航的机会，更不用说接触什么最新的生物和地质理论，乃至发表自己的学说——他只能去学学"四书五经"应付科举考试。所以，家庭和社会能为人才做的最好的事情，就是提供能施展各种兴趣的环境。

寻找适合自己兴趣的环境，把自己的基因发扬光大——这难道不就是进化论告诉我们的人生意义吗？

最高学习效率 =15.87%

这一篇我们说一个特别熟悉的规律的新发现。这个发现是如此的重要，以至于我认为你应该永远记住它。我先从三个熟悉的知识说起。

① 熟悉

第一个知识是"学习区"，这个我们在前文说过。心理学家把我们可能面对的学习内容分成了三个区：舒适区、学习区和恐慌区。舒适区的内容对你来说太容易，恐慌区的内容太难，刻意练习要求你始终在二者中间一个特别小的学习区里学习——这里的难度对你来说恰到好处。

这个理论不可能是错的。但是因为现在"跳出舒适区"已经成了一句口号，有些人就产生了逆反心理，说我好不容易找到一个舒适区发挥特长，为什么要跳出来呢？关键在于这里说的是学习！也许你在舒适区赚钱最多，但那是另一回事——要想提高技艺，你就只能在学习区。

第二个知识是"心流"。这个概念最早是米哈里·契克森米哈赖（Mihaly Csikszentmihalyi）在《心流：最优体验心理学》（*Flow: The Psychology of Optimal Experience*）这本书里提出来的。契克森米哈赖说，要想在工作中达到心流状态，这项工作的挑战和你的技能必须形成平衡。他还专门用一张图说明这个道理。（如图 1-2）

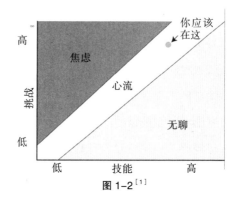

图 1-2 [1]

如果工作的挑战大大低于你的技能，你会觉得这个工作很无聊。如果工作的挑战大大超出你的技能，你会感到焦虑。而如果难度和技能正好匹配，你一开始并不知道该怎么做，但是调动自己最高水平的技能，再稍微突破一点，你正好能解决这个问题，那就是心流的体验。这是一个奇妙的感觉，你沉浸在工作之中忘记了时间的流动，甚至可能忘记自身的存在。

第三个知识是一个公式，叫"喜欢 = 熟悉 + 意外"。一个文艺作品要想最大限度地吸引观众，必须既提供观众熟悉的东西，又制造意外。

现在你发现没有，这三个知识其实是一回事。

学习区、心流、喜欢，说的是已知和未知、简单和困难、熟悉和意外的搭配——从信息论的角度来说，它们说的都是"旧信息"和"新信息"的配比！

那么，这个配比应该是多少呢？

② 意外

以前我们并没有量化这些理论，只是泛泛地说要加入一定的难度和意外。而我在这一篇要讨论的这个研究——罗伯特·威尔逊（Robert Wilson）等人发表的 The Eighty Five Percent Rule for Optimal Learning（《最优学习的 85% 规则》）[2]，恰恰告诉我们一个神奇的答案，说这个问题是有最优数值解的：这个数值是 15.87%。

我们知道现在人工智能本质上是机器学习。我们建立一个神经网络，用大量的数据训练这个网络，让网络学会自己做判断。网络内部有大量参数随着训练不断变化，就相当于人脑在学习中提高技艺。

每一次训练，都是先让网络对数据做个自己的判断，然后数据再给它一个反馈。如果网络判断正确，它就会加深巩固现有的参数；如果判断错了，它就调整参数。这跟人脑的学习也很像：只有当你判断错误的时候，才说明这个知识对你是新知识，你才能学习提高。

研究者可以决定用什么难度的数据去"喂"这个网络。如果数据难度太低，网络每次都能猜对，那显然无法提高判断水平；如果数据难度太高，网络总是猜错，那它的参数就会东一下西一下变来变去，无所适从。这项研究问的问题是，每次训练中网络判断的错误率是多少，才是最优的呢？

研究者首先用了一个比较简单的数学模型做理论推导，又用了一个 AI 神经网络学习算法和一个模拟生物大脑的神经网络模型做模拟实验，结果得出一个精确解：15.87%。

$$ER^* = \frac{1}{2}\left[1\text{-erf}\left(\frac{1}{\sqrt{2}}\right)\right] \approx 0.1587$$

也就是说，当你训练一个东西的时候，你给它的内容中应该有大约 85% 是它熟悉的，有大约

15% 是令它感到意外的。

研究者把这个结论称为"85% 规则",我们干脆把 15.87% 叫做"最佳意外率"。这个数值就是学习的"甜蜜点"。

③ 最快而且最爽

找到最佳意外率有两个好处。

第一，它让你的学习速度最快。我们来看看模拟实验的结果。图 1-3 是一张等值曲线图，说的是判断出错率和 AI 训练效率的关系——

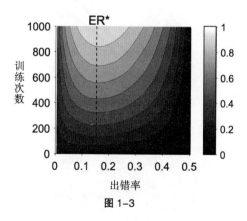

图 1-3

图中横坐标代表每次训练的出错率——也就是意外率，纵坐标代表训练的次数，图中颜色深浅代表训练出来的网络的准确度，颜色越浅表示准确率越高。我们看到，0.1587 的训练出错率那个区域，随着训练次数的增长，它的准确度增加速度是最快的。比如出错率是 0.4，训练一千次能达到的准确率，大约相当于出错率是 0.1587，训练 350 次的水平！

图 1-4 中的三条曲线代表三个不同的训练出错率，横坐标是训练的总次数，纵坐标是准确度。我们看到，出错率在 0.16 的那条曲线，准确度增加的速度最快，大大高于另外两条曲线。

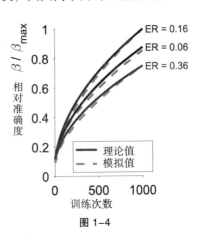

图 1-4

研究者理论推导的结果是，第一，15.87%的意外率能让训练时间相对于其他数值以指数下降！

第二，它能让你在学习中感觉最爽。这项研究使用的例子主要是机器学习，但是研究者也考察了在其他领域中的训练，包括对人的教学实验和对动物的训练，大家摸索出来的结果基本上都是要有大约 15% 的新内容。这些研究表明，在这个点上，人们对学习的投入度是最高的。

15.87% 不但是学习中的最佳训练出错率，也是心流率，也是文艺作品最佳意外率。论文中还提到，电子游戏的设计者也得用这个比率。如果在这个游戏关卡中玩家一点都不会犯错，轻松过关，那游戏就太简单了，玩家会感到无聊。如果让玩家频频犯错，那么设置太难，玩家也玩不下去。15%左右的犯错率，是最好玩的游戏。

④ 量化你的学习曲线

但是有一些文章对这个研究有一些误解，《科学美国人》上的一个博客的作者从这个研究悟出的道理是最好每次考试都考 85 分。如果你考 100 分，那这个考试对你来说太简单了，你应该挑战更高难度的内容。如果你的分数太低，那你应该降低难度。[3]

但是你肯定不想当一个考 85 分的学生，因为 85 分不能把你送进好大学。其实我们理解了这个研究之后就会明白，15.87% 这个比率并不是学习之后再考试的出错率，而是在学习之前，你要学的这个内容的最佳意外率。这是先测验、后学习的训练方法中测验出来的出错率。

能让你判断错误的东西才是你需要学习的东西！这个研究不是说我们对一个知识掌握 85% 就行了，我们要关注的恰恰是那 15% 的事先不会的东西。

所以最科学的安排不是期末考试应该得 85 分，

而是在每次学习之前，安排学习内容的时候，确保有 15% 的新东西。

比如学英语。最理想的一篇课文，应该是其中 85% 的内容是你熟悉的，15% 的内容——包括单词和语法——对你来说是新的。

学数学，每一个新知识都是建立在旧知识的基础之上的。最好这一讲中 85% 的内容是你本来就会的，15% 是新技巧。读书，最理想的情况是书中 85% 的内容让你有亲切感，另外 15% 是改造你的世界观。

我们从这项研究中至少可以有三个收获。

第一，熟悉很重要。

在学习中遇到熟悉的东西，可以巩固我们的知识，让我们再次确认以前学的是对的。这并不仅仅是心理上的安慰！比如人工智能神经网络不需要心理安慰，它是冷酷无情的，但是它也需要熟悉的内容。

所以"学习区"不是一个感情上的问题，而是大脑认知的问题。新信息重要，旧信息也很重要。

第二，在我看来，15.87% 这个数值是通用的。

研究者的理论推导用的是一个特殊的数学模型，但是他们的数值模拟，包括对其他领域中训练的考察，结果差不多也都是这个数值。如果我们相信人脑本质上就是一个神经网络，那么这个研究就具有普遍的意义。我个人认为这个数值在任何一个领域中都不会太离谱。

第三，这里有一个值得专门强调的精神——你应该时刻追求效率最大化。

知道一个道理有用，和知道这个道理有多么有用，有本质区别。

每个人都知道要想学习好，就应该谦虚谨慎、博采众长、尊师重道、眼光放长远、有很大的格局。可是要谦虚到什么程度才好？格局最大要多大？这些都没有量化，不好操作。

但是 15.87% 这个最优意外率是可以操作的。15% 和 5% 的进步速度有非常明显的差异。我们设想有两个爱学习的人——

A 同学对什么都感兴趣，博览群书还选修了很多课程。他有时候觉得学得很轻松，有时候感到吃力，但他总是那么用功。A 同学热爱学习，他觉得自己学得很不错。

但是世界上还可能存在一个 B 同学。B 同学有个教练，给他精心安排每次学习的内容，确保每次 15% 的意外率。B 同学的学习效率达到了最大化。

虽然这是一个特别理想的状态，没有人能确保这样的高效率。但是根据这一篇的理论，假以时日，B 同学的学习成就将会远远超过 A 同学。这是多么可怕的一个事实。

正确的学习方法只有一种风格

老一辈的人谈起学习来总爱说"书山有路勤为径，学海无涯苦作舟"。现在认同这句话的人好像已经很少了，没人以吃苦耐劳为荣。新一代更愿意追求"科学的"学习方法，认为学习这件事应该是快乐的，最好能寓教于乐，让每个人都能轻松愉快地获得知识。

我听说美国医院有个说法——病人有"不疼的权利"：既然病人来医院了，那甭管用什么方法，先把疼痛给止住再说别的，动刀之前得先打麻药。

这是一个充满现代感的权利。那学习这件事，学生是不是也有不疼的权利呢？

比如有种教育理念说，既然每个人的性格和喜好不同，就应该根据每个人的喜好量身定制学习方法。用自己最喜欢的方法学习，就好像选发型、时装和卡拉 OK 歌曲的风格一样，不是很好吗？

有一个流行的学习风格分类模型叫 VARK（Visual, Aural, Read/write, Kinesthetic，VARK 把学习风格分成 4 种：视觉、听觉、读写和动手实践），你可以到它的官网[1]测试一下自己喜欢的学习风格。如果是视觉型的，你可能喜欢用看图片的方式学习；听觉型的可能更愿意听老师讲；读写型的人爱用读书和记笔记的方法；动手实践型的人最爱做实验和演示。测试结果是学生们的确有不同的类型，还有的学生是混合型的。

这 4 种风格就像 4 个门派一样，不同类型的学生分属不同的门派。世界是多元的，每个人都有自己的选择，这多好啊。

好是好，但问题是，用自己喜欢的风格学习，是不是就能取得更好的学习效果呢？

这个问题已经被人研究过很多年，结论是……否定的。2018 年 5 月 29 日，《科学美国人》网站刊登了一篇研究综述[2]，介绍了最新的研究结果。

以前关于学习风格的研究主要针对课堂教学，比如如果学生喜欢视觉化的教学，就专门给他视觉化的教育，这种方法已被证明并没什么好效果。现在网络教育越来越普及，很多时候是学生在家里自学，课堂教学可能不像以前那么重要了。那就自学来说，跟学生喜好匹配的学习方法有没有好处呢？

答案……还是没好处。

这个研究是这样的。先用 VARK 模型对学生进行测试，发现每个人的确都有自己喜欢的学习方法，但大部分学生，并没有使用自己喜欢的方法。比如有的学生说自己最喜欢动手实践，但是他实际的学习过程里并没有多少动手实践。等于是这些人都在用自己不喜欢的方法学习。

但是有差不多 1/3 的学生，学习方法跟自己的喜好是匹配的。可以想见他们的学习过程肯定更愉快，那这些学生的学习成绩是不是比别人更好呢？并没有！虽然他们在用自己最喜欢的方法学习，可能很享受学习的过程，但并没有获得更好的成效。

看来，"享受"不等于就能学得更好。研究还发现，很多学生都喜欢的那些方法，恰恰对谁都没好处。比如把单词、公式、各种知识点做成卡片，没事儿拿出来翻看，人们认为这个方法有利于加强记忆。还有些学生喜欢用外部网站检索一些相关信息，按理说这有利于开阔视野。但是研究表明，这些方法的效果并不好。闪视卡片只是简单的重复，外部信息可能跟你要学的知识点关系没那么大——它们不能帮你加深对知识的理解和掌握。

那到底什么方法才是有效的？心理学家几十年的研究结果表明，真正有效的方法对每个人都有效，不管你喜不喜欢。

有效的方法可以归结为：

第一，要在学习时间上安排一定的间隔，不要突击学习。

这个间隔学习法的原理是人脑的"记忆曲线"。隔一段时间回想前面学过的，然后再学新的，这个方法最有利于记忆。

第二，在不同的场景下、用不同的方式学习同一个内容。

比如同一个知识点，在课堂上看老师演示一遍，这是视觉；回家自己精读课本，这是读写；下一堂课再动手操作一遍……这样用不同的方法来学习同一个内容，效果很好。而且有些特定的内容适合特定的方法。我特地查了相关的研究[3]，让学习方法和学习内容相匹配，而不是跟学生的喜好相匹配，才是科学的做法。

第三，要经常参加测验，看看自己是不是真的掌握了相关的知识。

这其实就是我们常说的刻意练习的"反馈"。不测验，你就无法知道自己是不是真学会了。

第四，要把新学到的知识和以前的知识建立连接。

新旧知识连在一起，熟悉＋意外，知识才算是真正长在了你的大脑之中。这些方法并不神奇。没有用到什么高科技，也不需要家长和老师配合、一惊一乍地给你演个节目才能让你学会一点知识。

但是这些方法不简单。而像什么闪视卡片，还有工整漂亮的课堂笔记，则是简单、可操作、的确能证明你在学习，但实际上没什么用的方法。

更值得注意的是，这些方法也不好玩。

学习好的同学的学习方法都是相似的，学习不好的同学各有各的学习方法。

孩子需要玩，在玩的过程中能学到宝贵的技能。但学习可不全是玩。特别是高年级学生，如果想掌握一些高级技能，需要刻意练习——刻意练习并不好玩。

刻意练习要求重复训练。重复的东西不好玩，我们看小说、电影、电视剧，最不喜欢剧情重复。刻意练习时，你一直在遭遇挫折、在犯错误。你要不停地重复这个过程，直到真正学会为止。这是一个艰难的过程。

寓教于乐不是最有效的学习方法。你喜欢愉快的学习过程，但你更喜欢获得真知。管用的方法不好玩，只有付出了努力和汗水，有过挣扎和斗争，你才能真正掌握知识。

提高学习成绩的最简单心法

假设你是正在上中学的孩子的老师或家长，在学年刚开始时，你让孩子看了一段 25 分钟的视频。20 天之后，又让他看了视频的下集，也是 25 分钟。仅此而已。结果到学年结束时，孩子的学习成绩有了一个切实的提高，简直像魔术一样。你相信吗？

心理学研究经常不靠谱，但下文提到的实验可能是有史以来投入了最大力量、做得最严格的一个实验。[1]

这个实验所说的理论你可能早就知道，这就是斯坦福大学心理学教授卡罗尔·德韦克（Carol Dweck）的"思维模式"理论。这是德韦克的招牌理论，我认为这个理论将来可以刻在她的墓碑上。

① 思维模式理论

德韦克的理论认为，人对智能的思维模式可以分为两种。一种是所谓的"成长型思维模式"（growth mindset），认为学习不在于天赋，而在于努力，只要努力用功，什么都能学会。另一种叫"固定型思维模式"（fixed mindset），就是特别相信天赋的作用，擅长的东西就是擅长，要是不擅长怎么学都没用。

德韦克证明，成长型思维模式有利于人的成长。而且她还建立了因果关系，也就是说，只要你能向一个孩子灌输成长型思维模式，就能促进他的成长。

这个理论已经非常成熟了，德韦克很早之前就出了一本书，这本书的中文版至少有三个版本，最新的一版叫《终身成长：重新定义成功的思维模式》（*Mindset: The New Psychology of Success*）。

我们上面所说的这个研究，就是通过给学生看两段灌输成长型思维模式的视频，来提高他们的学习成绩。

❷ 心理学实验

这个研究可以说是心理学界的一桩盛事。它由 23 位心理学界的领军人物同时主导，其中包括德韦克，还有以"坚毅力"（grit）概念闻名的安杰拉·达克沃思（Angela Duckworth）等人。

研究者从美国的 65 所中学里选了 12542 名九年级学生，把他们随机分成两组。一组叫实验组，就像我们开头说的那样，实验组看了关于成长型思维模式的两段视频，视频告诉他们人的智能不是固定的，只要你愿意学习就可以变得更聪明。另一组叫控制组，也看了两段视频，但他们看的是一般的介绍大脑的视频，并没有涉及成长型思维模式。

这个实验非常严格，就像医学界测试新药一样。研究者请了独立的第三方来监督和管理整个实验，实验被设计成"三盲"实验——参加实验的学生、老师和最后分析实验数据的三拨人，都不知道谁被分到了哪个组，也不知道实验的目的是什么。

实验结果是，学期结束时，实验组的平均GPA比控制组高出了 0.03 分。这个差距其实很小，美国的 GPA 系统中 A=4 分，一般学生拿 3 分左右的话，0.03 分相当于成绩提高了 1% 而已。

这个效应当然很微弱，但考虑到这是一项针对一万多人进行的实验，它就是一个显著的效应了。研究者只是让学生看了两段视频而已，这等于是不费吹灰之力就把成绩提高了 1%。对应到高考，这就相当于是 700 分和 707 分的差别。

而且实验对差生的影响更大，他们的 GPA 提高了 0.08 分。实验组期末考试成绩得 D 和 F 的概率还降低了 3%。另外，有些学生在看了视频之后，更愿意选择有挑战性的课程。

研究者认为这个看视频的方法实在太简便易行

了，几乎不花一分钱就能提高学习成绩，应该全面推广。不过在我看来这个意义不大。我认为实验最大的意义在于再次证明了"成长型思维模式"对人的干预确实是有效的。

❸ 思维模式在现实中的体现

有研究[2]说，如果你系统性地把学生的思维模式给固定化，他们的整个学业都会发生显著变化。

中国的教育系统默认每个孩子都有可能上大学，一直到高中，大部分人都是奔着大学去的，无非是最后能不能考上的问题。而有些国家则是很早就把学生强行分流。比如波兰，学生到了一定年级之后，如果有关当局判断他不是上大学的料，将来应该当个蓝领工人，他就会被送到职业学校去。

设想一下，那些被判定为"不是学习的料"的孩子，他们会是什么心态？等于是被强行设定了"固定型思维模式"。结果他们的学习成绩果然直线下降。有研究者认为，美国基础教育之所以搞不好，也跟很多家长一开始就不打算让孩子上大学有关。

思维模式还会影响人们对工作中各种挑战的态度。[3]

拥有固定型思维模式的人在面对一个任务时，会认为任务是对他个人能力的一种测试。比如让他考试，他会认为考试是证明他行还是不行，因而非常担心万一搞砸了别人就会质疑他的能力。他很容易把任务当成威胁。

而拥有成长型思维模式的人，会把任务当成一个学习的机会。他并不是通过任务来证明什么，而是通过任务来提高自己。他把任务当成机会，结果他的表现会好得多。

而且思维模式是可以被外界影响的。有一个著名的例子[4]，有一年，普林斯顿大学给刚入学的大一新生增加了一项考试。普林斯顿大学是美国最好的大学之一，这些学生好不容易进来，可以说是优中选优的幸运儿，但没想到学校居然又加了个考试。

其实这次考试的真实目的是做个心理学实验。学校对一半的学生说，考试是为了确认你们是否真的够资格上普林斯顿大学；但对另一半学生说的是，你能上普林斯顿大学已经很厉害了，但我们还要看看你到底有多牛，这些题比较难，看你能做到什么程度。

结果，第一组学生只答对了 70% 的题，而第二组学生答对了 90% 的题。仅仅是考试前对心态的一个简单影响，就有这么大的作用。

所以思维模式确实很神奇。一个有意思的问题是，明明有大量的研究证明，人的智商是很难提高的，那为什么相信成长型思维模式就真的能让人表现更好呢？我的理解是，智商确实很难提高，但学习成绩和人生的成就是可以提高的。人的表现毕竟不仅仅是由智商决定的，努力也很重要。

想想吧，一个成绩一般的学生，因为偶然看了两段视频，得知人的智能是可以成长的……从此心里就埋下了成长型思维模式的种子。他从此奋发，取得了显著的进步。

④ 埋下成长型思维模式的种子

我看了研究报道，第一时间跟我的儿子进行了一番对话。我问他，你说聪明的人是天生聪明呢，还是学习之后变聪明的？我儿子马上说是学习之后变得聪明的。他说："李白不就是听了'铁杵磨成针'的故事才开始努力学习的吗？"我一听，还行啊！

我还特地考证了一下。李白"铁杵磨成针"的故事出自宋朝祝穆的一本书[5]，原文一开头就说"世传李太白读书山中……"，这个故事很可能只是传说。古代就算技术落后，也不至于拿那么粗的铁杵磨针，而且李白被公认是天才。我怕这个故事的真相毁了儿子三观，所以得对他保密。

德韦克有一个特别简单，但是肯定更有效的灌输成长型思维模式的方法，虽然比看视频麻烦一点。

假设你的小孩完成了一项任务，比如考试考得不错，或者作业写得好，这时你就要给他一个口头表扬。这个表扬方式非常关键，你要字斟句酌。

如果你表扬孩子聪明——"这题你都会做？我儿子太聪明了！"他就会陷入固定型思维模式之中。他会把以后每一项任务都当成证明自己聪明的测试，他会非常害怕被证明不聪明，他会尽量选择简单的任务。

所以你一定要表扬他努力——"不错啊！这次做得很好，看来你下了很大功夫！下次继续！只要你努力，什么事都能做成！"

德韦克的研究表明，这么说，你才能在他心中埋下成长型思维模式的种子。他会把每一项任务都当成成长的机会，会愿意花更长的时间钻研难题，会主动选择困难的任务。

忘记是为了更好的记住

贝内迪克特·凯里（Benedict Carey）在 *How We Learn: The Surprising Truth About When, Where, and Why It Happens*（《我们如何学习：关于什么时间学、在哪学、为什么学的令人吃惊的真相》）这本书中讲了一个有关记忆力的原理。

100 多年前，伦敦有个叫菲利普·巴拉德（Philip Ballard）的英语老师，拿自己班的学生做了一个实验。他让学生阅读一首诗，并且要求尽量把诗背下来。学完休息 5 分钟，马上进行默写测试，结果学生的成绩都一般。巴拉德老师没有要求学生继续学习这首诗，学生们以为这件事儿就算过去了。

两天后，巴拉德突然要求学生再次默写那首诗。在这期间学生们都没有进行任何复习，所以我们设想，这一次的测试成绩应该更差。

结果恰恰相反，成绩反而平均提高了 10%。

根据人们熟知的"记忆曲线"——或者叫"遗忘曲线"更合适——的原理，人对事物的记忆应该随时间不断减弱，而且最初几天遗忘的速度还特别快，怎么可能加强了呢？

我们知道心理学实验经常不靠谱，现在很多研究结果都陷入了"不可重复"危机。这个实验听着就不太靠谱。后来有好几个人用别的实验证明巴拉德这个所谓的"记忆增强"效应根本不存在，可是偶尔又有人说他重复出来了。这件事反反复复，困扰了心理学家好几十年。

一直到 19 世纪 80 年代，人们才算理出一点头绪。原来关键在于记忆的东西是什么。一般心理学家搞记忆力研究都是让人记若干组没有规律的字母组合，在这种情况下记忆的衰减的确符合遗忘曲线，巴拉德效应不存在。但巴拉德实验用的不是随机字母组合，而是一首诗——诗歌的词句彼此之间有联系，放在一起是有意义的，在这种情况下做实验，巴拉德效应的确存在。

那么这背后的原理是什么呢？

加州大学洛杉矶分校的一对教授夫妻，罗伯特·比约克（Robert Bjork）和伊丽莎白·比约克（Elizabeth Bjork），据此提出了一个非常漂亮的记忆力理论模型。我真是特别喜欢这个理论——它能完美解释各种关于记忆和遗忘的现象，它能为我们的学习提供指导，它非常简单而又非常反常识，你听一遍就永远都忘不掉。

记忆到底是怎么回事？我们一般人心目中的记忆，大概就如同写在沙滩上的字，随着时间就会慢慢模糊掉……而这个比喻是错的。

比约克夫妇的理论说，人的记忆其实有两个强度：存储强度（storage strength）和提取强度（retrieval strength）。

存储强度不会随时间减弱！我们每时每刻都在接收大量的信息，而其中的绝大部分都被大脑自动忽略了——这些被忽略的不算。那些剩下来的，你主动希望记住的东西——比如一个人名，一个电话号码，一个英语单词——一旦进入记忆，就永远在那里了。下次再见到它，它在你大脑里的存储强度会增强，但是哪怕你再也不见它了，它的存储强度也不会减弱。存储强度只增不减。

那么，为什么我们会忘记一些东西呢？那是**提取强度**出了问题。如果没有复习，提取强度就随着时间慢慢减弱。

这其实很容易理解。比如现在让你回忆 20 年前同学的容貌和神态，你肯定想不起来什么，但是如果你跟她突然见面，两人一聊天，当初种种就呼啦一下全回来了。记忆一直都存在那里，只是不好提取了。

我一时想不起，但你的笑容还是这样熟悉。

表 1-1 可以更清楚地说明这两个度：

表 1-1

例子	存储强度	提取强度
父母	高	高
多年不见的小学老师	高	低
新认识的邻居	低	高
几年前只有过一面之交的人	低	低

心理学家说，提取强度越用越高。每一次提取记忆，提取强度都会增加；而因为这个记忆在你脑子里又过了一遍，所以存储强度也增加了。

这也是为什么会有巴拉德的那个效应。学生们第一次测试的时候，他们要提取刚刚得到的记忆，这个提取动作把那个记忆给加强了。这样学生们虽然此后两天没有复习，但他们等于已经在课堂上复习了！两天后再测试，上次就已经背写出来的诗句这次写出就毫不费力，所以他们就有时间去想上次没写出来的诗句。而因为诗句之间都是有联系的，他们也许就能联想填空，这次多写出几句。

如此说来，考试就是最好的复习。我看有的人背单词其实是念单词，拿本单词书从头到尾反复念——这种效率很低，因为你没有提取动作！复习的时候你应该先考自己这个单词是什么意思，实在想不起来了再去看答案。

而最重要的是：提取的时候越困难，这个提取动作对两个强度的增加值就越大。

既然如此，最有效率的学习方法就不是天天复习，而是故意把它放在那里等几天，等到提取强度慢慢变弱了，我们已经有点"忘记"了，再进行一次测试式的复习。如此一来你不但用最少的时间学习，而且还能通过遗忘过滤掉一些不必要的信息。

以背单词为例，这就要求我们第一次复习是在一天之后；第二次的间隔就要拉长，比如再等一周之后；然后，是一个月之后；再之后，是几个月甚至更长时间。

具体应该怎么间隔最有效，甚至早就有人研发了软件用专门算法设定回忆间隔。比如一个叫"Fresh Memory"的软件。

而有实验证明，哪怕第一次复习是在两个月之后，你感觉什么都不记得了，其实还是能找到一点印象，这种学法还是有效的！

所以要想记住，最好先忘了。

我上大学的时候，一度觉得一本书学一个学期实在效率太低了。实际上我用突击的方法学完了好多课程——拿本教材直接读，读完一章就做做习题，然后就读下一章，其实总共用不了多少时间，而且考试成绩都挺好。

后来我才发现，这种学法其实是不对的。学得快，忘得也快。应付考试很方便，将来再用到，还得重新找书来看。因为学得太快，这个知识没有更彻底地长在大脑之中——毕竟大脑不是硬盘，是肉长的，而长肉需要时间。

用这本书的话说，就是存储强度不够高。

从这个角度讲，慢慢学才是好办法。这周学了一点就放下，下周接着学。先提取一下前面的记忆，这样多次提取，记忆就加深了很多。交叉着在同一时期内学习几门课程，比学完一门再学另一门的效果好得多。

读书也是这样。我们应该随时都有好几本书在读。今天拿过一本书读上一章就放下，明天换另一本书读，过几天再回到这本书接着读。这样每次读的时候都要先提取一下上一次的记忆，最后能记住的东西是最多的。

我们过去说，工作最强调专注，每次最好只干一件事儿，一个团队最好先彻底干完一个项目再去干别的项目。这是因为不同事情、不同项目之间的转换成本太高。然而如果是想要记住什么东西的话，一定程度的多任务——当然也不是说每隔几分钟就切换一次——反而是好事，因为转换就要提取，而提取能增加记忆。

反脆弱式学习养生法

古龙小说《天涯·明月·刀》里有个人叫杜雷。他每天都一定在同样的时候起居饮食，比如说中午同样的时间到会宾楼，然后点同样的四样菜和两碗饭，一壶酒，吃完在同样的时间离开。

没人喜欢这么吃饭。杜雷自己早就吃得要发疯，却还是不肯改变。因为他希望别人都认为他是个准确而有效率的人，人们会敬畏这样的人。事实上别人对此的确买账，连傅红雪第一次听说杜雷的吃饭风格，都意识到自己遇见了一个极可怕的对手！

你觉得杜雷厉害吗？我看他就是个笑话。我们凭直觉就知道像这样以循规蹈矩为荣的角色不太可能是英雄小说的主人公——所谓英雄，就应该专门打破常规，做一些一般人连想都不敢想的事。

换句话说，就是杜雷刻意避免不确定性，**英雄人物应该主动拥抱不确定性**。

注意我说的不是"不怕不确定性"，而是要"主动拥抱"不确定性。因为一定程度上的不确定性，即使对普通人来说，都是特别有好处的。

在我们前文说过的贝内迪克特·凯里的《我们如何学习》这本书中，有一个有意思的实验。受试者被要求学习打网球，特别是要学 A、B、C 三种不同的发球方法。

实验人员把全体受试者分成三组：

第一组先练 20 遍 A 方法，再练 20 遍 B 方法，再练 20 遍 C 方法；第二组按照 ABCABC 这样固定的轮换次序练，也是练习 20 遍；第三组随机练习，没有规律，不知道用一个方法练完一个之后要练哪一个，但是连续练一个发球方法不超过两次，最后总数也是每种总共练习了 20 次。

然后进行考试。但考试被故意设计得跟练习不一样——练习发球的时候都是在场地的左侧，而考试发球的时候却是在场地的右侧，研究者想看看哪组的人更善于应对这个新情况。

结果，"享受"了随机性的第三组的平均成绩是 18 分，轮换着练习的第二组是 14 分，而连续按同一个动作猛练的第一组只得了 12 分。

从上一篇的内容，我们可以知道，第一组的训练效果之所以差，是因为人脑的记忆原理，是"提取记忆"这个动作能够加强原有的记忆。所以有点间隔，暂时"忘记"一下，过不久再"回忆"一下，是效率最高的学习方式。

书中还讲了另一个类似的实验，让学生学习识别不同画家的绘画风格。实验人员选定几位并不被人熟悉的画家，具体每位画家到底是什么风格，可能连实验人员自己也说不清。

实验还是先让受试学生练习。选定每个画家的 6 幅画作，在计算机屏幕上滚动播放，画作下面是画家的名字。受试学生被分为两组：

第一组学生分块看不同画家的画——先看 6 张这位画家的，再换 5 张另一位画家的，以此类推；第二组学生随机混合着看——这一张是这位画家的，下一张是别人的，不断地换。

你可能会认为，绘画风格是个缺乏有效定义的东西，最好把一个画家的画放在一起连续欣赏才更有助于抓住本质。但是练习之后，拿这些画家其他的、学生们练习的时候没看到过的画作，让学生判断哪幅画是谁画的。结果第一组的判断准确率只有 50%，而第二组是 65%。随机排序再次战胜有规律训练。

由此我们可以把这个道理推广到很多地方。比如说让小孩学写字时不要一个字写 10 遍，最好几个字穿插着写。再比如做数学题不要同一个题型反复练，最好混合起来练习每次都不一样的解题策略，等等。

但我还想把随机性的好处往前再推一步。

《我们如何学习》这本书提到，不但学习内容应该随机安排，学习的地点、学习时的环境，最好也能随机化。也就是说这堂课你在课桌上坐着学，下堂课最好在游泳池里泡着学，然后再下堂课可以考虑在床上躺着学……这种多样性的环境能对大脑产生各种刺激，特别有助于加深记忆。

这就无法用"忘记是为了更好的记住"的原理解释了。我觉得倒是可以使用一个更广泛的原理——人体喜欢折腾。这就不能不提我特别喜欢的作家和我特别喜欢的一本书，纳西姆·尼古拉斯·塔勒布（Nassim Nicholas Taleb）的《反脆弱》（*Antifragile*）。

所谓"脆弱"，是怕折腾。所谓"鲁棒"（robust）[1]，是不怕折腾。所谓"反脆弱"，是怕不折腾——越折腾我就越强大，我喜欢折腾。

在一定的范围内，人体就是反脆弱的。这其实是一种进化带来的本能。我们周围环境随时可能变化，所以人的身体中其实有一些冗余度，也可以说是人的潜能，平时不用，一旦遇到险恶环境就能发挥作用。

平时养尊处优，偶尔饥寒交迫一次，体内的冗余就会发生作用。比如储备了多时的脂肪这时候就能燃烧掉一些。人体作为一个有机体，你给某一部分一点小刺激、小压力，只要有足够的缓冲时间，它都能够恢复过来并且变得更强。

这正是健身的意义所在。故意进行些高强度的活动挑战身体极限，就能让身体慢慢升高极限，越练越强。

根据这个反脆弱的原理，日复一日采用同样的健身套路就是不好的。因为人体能快速适应新局面，一旦身体已经适应了这个套路和强度，就没有什么新的潜力可挖了。这也是为什么健身减肥都是初期效果最好，可是很快就会到达一个不再进步的平台区。

所以应该不断变换花样。这个项目进入平台期，那就赶紧换个项目让身体继续进步。学习的道理也是一样的：学习最好时刻让自己保持在"学习区"，而不要停留在"舒适区"。

所以不论你是学习知识还是健身养生，主动拥抱不确定性，时刻挑战自我去应对新局面，才是符合"天道"——也就是进化论——的做法。

从学习和创新的角度，主动增加一些不确定性——读几本自己领域之外的书、了解一个和自己业务无关的业务，还容易带来惊喜。从做事的角度，不确定性可以帮我们发现自己的问题，比如随机的输入可能会暴露一个软件意想不到的 bug（漏洞），使我们找到平常想不到的解决方案。

所以当初我看电视剧《走向共和》，慈禧跟李鸿章说她每天散步，要走正好 999 步，还要李莲英在旁边给数着……我简直笑掉大牙！这哪是健身？塔勒布也有一套健身方法：

（1）搬举特别重的重物，给骨头压力；

（2）如果去健身房，就不断变换花样，各种项目都练练。不过最简单的办法就是在散步过程中穿插拼命的短跑——就好像你要追杀什么人或者被人追杀一样；

（3）隔三差五饿上一顿，甚至专门追求在饥饿状态下练习。

塔勒布现在的年龄跟当初的慈禧也差不多，你认为哪种健身方式效果好？

最后再来说说杜雷。像杜雷这样每天固定时间出现在固定地点的，历史上有一位名人，那就是哲学家康德。据说康德每天都是在同一时间步行前往大学，路边村妇都能拿他当表用。如果杜雷不值一提，那么康德可是特别了不起的人物啊，这又怎么解释呢？

答案是你不可能在生活的所有方面追求不确定性。你越是要在某一方面冒险，就越是应该确保其他方面稳定。具体来说，就是企业家可以冒险，而政府政策和法律规则应该力求稳定，否则什么都混乱也不行。你要出去冒险，至少先把自己家里安排好。

我推测，康德每天固定时间出行，跟扎克伯格只穿同一款式的 T 恤衫一样 ——我要想的大事儿太多，就没时间决定这些小事儿了，干脆就每天都一样吧。

学广第二

SCIENCE OF
RNING FOR GENERALISTS

自由技艺

这一篇我们说一个特别重大的题目——liberal arts。这个词组的字面意思是"自由艺术",但它说的并不是我们通常理解的"艺术"。liberal arts 这个词在中文世界并没有一个取得了共识的译法,它经常被翻译成"通识教育""素质教育""人文教育""博雅教育",等等。可是在我看来,所有这些"教育",都把 liberal arts 矮化了。

liberal arts,不是为了训练一个能歌善舞的漂亮小孩,不是为了熏陶一个多愁善感的文艺青年,也不是为了武装一个中年危机的忧郁大叔。

liberal arts，是最正统的西学，其地位在工程、医学等一切应用学科之上，它原本是一种最高级的学问——统治者的学问。

我打算结合两本书，来说说在西方学者眼中，liberal arts 到底是什么。

一本是个有声书，叫 *How to Think: The Liberal Arts and Their Enduring*（《如何思考：Liberal Arts 的前世今生》），这是韦顿学院教授迈克尔·德鲁（Michael Drout）2013 年的一个系列讲座。

一本是 2015 年出版的《优秀的绵羊》（*Excellent Sheep*），作者是前耶鲁大学教授威廉·德列谢维奇（William Deresiewicz）。这本书的前半部分内容，我已经写过书评，题目是《精致的利己主义者和常青藤的绵羊》。[1]

以我之见，liberal arts 的合理翻译应该是"自由技艺"——"arts"，不是"艺术"的艺，是文艺武艺的艺，技艺的艺。

① 统治者七艺

自由技艺原本是古罗马时代的一套课程，被认为是"自由的人"应该掌握的一套学问。"自由"这个词，对今天的人来说有点无感，因为所有人都是自由的。而对古罗马人来说，"自由"的意思非常明确——那就是说你不是一个奴隶。

你不是奴隶，你有权直接参与社会事务和公共政治，而且你还要管理奴隶。这才叫自由。

自由技艺的课程项目在历史上有个演变的过程，到了中世纪，被确定为七个项目。中国春秋时代的贵族大约也有类似的项目，比如孔子说的"六艺"。那么我们也可以把西方自由技艺的这七个项目，称为"七艺"。

这七艺中，前三项被当时的学生认为是比较简单的项目，叫 Trivium（现代英文"trivial"这个词，就来自这里），后四项则叫做 Quadrivium。

这七个技艺，其实都蕴含着统治者的统治之道。

（1）文法。其实就是拉丁文。拉丁文在古代欧洲是各国通用的上层语言，而英语、德语都只能算是方言。掌握拉丁文，你才能参与国际交流——就好像现代人应该学普通话和英语一样。

（2）逻辑。掌握逻辑，你读东西才能读懂。

（3）修辞。学修辞的最主要目的是为了说服别人，施加自己的影响力。

（4）算数。作为贵族，你得管理财产。

（5）几何。涉及严密的推理，而且你需要对建筑有所理解。

（6）音乐。音乐被视为与世间的法则有关。

（7）天文学。其中包括了占星术。音乐是人世间的法则，天文则是自然界的法则。

时至今日，西方大学里自由技艺的科目已经有了各种变化，比如自然科学类的课程有时候不算自由技艺，被单独拿出去，而历史、文学、艺术这些内容则被加了进来。我们常说的"人文学科"，对应的英文叫 humanities，可以视为是自由技艺教育的一部分。自由技艺中还包含了像社会学、心理学、人类学这些普遍使用现代科学方法的学问。

我们中国的大学学科分成文科和理科，隐含的目的都是培养"专业"的人才——文科生从事商业、法律、文案之类的工作，理工科生从事工程师、科学家之类的工作，各自都只是一种分工而已。而西方的自由技艺，要点恰恰是不分工。自由技艺并不为任何具体的职业做准备，而是培养一个完整的人。美国有些专门教自由技艺的大学，学生学四年自由技艺，毕业以后再去学医学法律之类的专业。一般综合性大学也要求学生必须花上至少两年时间学习自由技艺。

现在也没有奴隶了，也没有那么多"统治者"。那自由技艺培养的是什么人呢？培养的是具有自由意志和独立人格的人，我看也可以说是"拒绝被统治"的人。

自由技艺是比专业技能更高级的知识。往小了说，自由技艺是"软实力"；往大了说，自由技艺是"屠龙术"。

② 三大技能

几年前《华尔街日报》有个针对美国各大公司的调查统计，说有 93% 的公司认为，有三个来自自由技艺的技能，比任何本科专业都重要。

这三个技能是批判性思维、交流和解决问题的能力。

所谓"批判性思维"，最简单地说，就是对一个事物进行分析、判断和评价的能力——最简单地说，就是你能不能独立思考。

比如秦朝灭亡是中国历史上的一个大事件，我们的历史课对这个事件的学习重点和考点可能是事件发生的时间、参与的各方势力和人物、后人对秦朝灭亡原因的分析之类——这些都是有标准答案的。这就不叫批判性思维。

批判性思维，是你自己给秦朝灭亡的原因提出一个说法，然后找各种证据来支持你的说法。如果是面对别人的分析，你得能对这个分析进行"批判"：他的证据充分吗？逻辑链条完整吗？有没有偏见？反方的说法有没有道理？有这样的能力，你才能在真实世界中独当一面，而不是人云亦云。

中国"文科"教育非常强调死记硬背，而真正的自由技艺恰恰是不能死记硬背的。我们在真实世界面临的绝大多数问题，哪有什么现成的标准答案？一个统治者，或者"拒绝被别人统治"者，必须自己做判断。面对各种问题能够运用批判性思维，才是一个独立自主的人。没有这个冷静判断的能力，听说一个什么事情，要么就只知道情绪性地宣泄，要么就附和别人的说法，要么就加入一个阵营党同伐异……这些人，大概就配不上"自由"这两个字。

所谓"交流"，在这个时代我们已经知道很多了，比如说服力、影响力、修辞技巧、演讲技巧，等等。这里我特别强调一点：风格。

风格，是一种非常人性化的东西，它的反义词是机械化。比如同样一个笑话，或者一句特别经典的话，奥巴马说一遍可能效果就非常好，而你如果接下来照着他学一遍，那就完全不好使——你是机械化的模仿，你没有自己的个人风格。

说服别人，不能用写学术论文的方法，期待用一大堆数字图表碾压别人，那样别人只会反感，当你是个机器人。没人愿意听机器人的，人们喜欢有风格的人。"我喜欢你的风格"，这简直就是对人最高级的评价。

可是个性不等于任性。只有通过自由技艺的训练，使你对文化有了充分的了解，知道人性是怎么回事儿，掌握各种套路，你才能非常自然地跟别人产生感情上的共鸣。我们看有风格的人，不管是引经据典还是吹拉弹唱，他一上来几句话就能打开局面，这就是学习过自由技艺的作用。

所谓"解决问题"，可不是求解一个数学方程，而是在复杂世界中解决一个具体的问题。这种问题的难度并不在于有了方程怎么解，而是你根本不知道该用哪个方程！

自由技艺解决问题的一个重要办法，如果套用计算机科学的术语，叫做"模式识别"。用我们中国人熟悉的说法，应该叫做"定性"。

比如公司有个下属犯了一个错误，你怎么定性呢？这只是一个偶然事件，还是代表了一个必须马上遏制的坏趋势？你要从不同的角度观察，了解不同的细节，采取不同的手段，自由技艺里面都有各种历史经验可以让你借鉴。你应该学刚刚打赢官渡之战的曹操，把这个事情忽略掉，来稳定人心呢，还是学"梦中杀人"的曹操，高调处理，来给自己立威呢？

这些经验和套路，不但没有标准答案，而且可能是互相矛盾的，但是你反而要多掌握一些，才能灵活运用。自由技艺，就提供了这么一个装有各种套路的工具箱。

有了批判性思维，你就能建立正确的认识。学会交流风格，你就能让别人接受你的认识。再加上一箱子解决复杂问题的手段，就算不去统治人，也不至于被人统治吧？

❸ 文艺的意义

近代的中国人，在潜意识之中，似乎是觉得所谓"素质教育"是政府和社会的要求，不是个人的事儿，好像花时间学习人文艺术是一种牺牲一样——我牺牲了学习赚钱本领的时间，来参加素质教育，无非是想把自己变成一个好人，让社会对我放心。

可是在西方学者眼中，自由技艺，恰恰是为自己学的。

事实上，根本没有任何证据表明学习了自由技艺就能把你变成一个好人。一个人就算掌握了批判性思维，学会了说服别人，还能随心所欲地达成各种目的，他完全可以使用这套方法玩转世界，摆弄人心，甚至奴役别人。我们看西方有很多人文修养很高的人根本就不是好人，纯粹是流氓会武术。

那这个武术是怎么用的呢？比如学习文学艺术，我们一般会说这是为了"陶冶情操"，可陶冶情操又是为了什么呢？难道是为了美容吗？

科学说的是客观世界，而文艺，说的是从一个主观视角，对世界的主观体验和主观看法。在某一个具体的时刻，站在某一个具体的立场，当事人是一个什么心情？这些体验难以用实验量化，各不相同，没有标准答案，所以才叫做"艺术"。

通过文艺作品了解别人的视角、观点和体验，我们才能理解别人，进而理解自己。最起码的一点，我能意识到自己的局限和渺小，知道我不是世界的中心！

而同样地，我也知道我没必要围绕着别人的中心转。流行文化常常能吸引人去渴望某种生活，而真正的艺术，却能让人质疑那种生活。

一切人文学科都是历史学科，不了解过去就不理解现在的世界。你得知道这都是怎么来的。你得知道世界不总是，也没必要必须是，现在这个样子。我们是今天这样，只是偶然的文化选择，根本就不是普适的。认识到这些，学会了质疑，我们才能知道还有别的可能性，我们才能去想象别的可能性，才能发挥创造力改变世界。

归根结底，自由技艺教给我们的，是去做一个独立的人，而不是去做一个工具。

所以 liberal arts 的关键词，不是"通识"，不是"素质"，不是"人文"，不是"博雅"，而恰恰就是英文和拉丁文原文中的那个词——自由。

当前这个时代特别流行"大数据""算法"这

些概念，很多人试图用机械化的方法理解和解决一切问题。而最近几年，美国一个重要思潮，就是有很多很多问题是不能用算法和大数据解决的。

比如战略咨询顾问克里斯汀·麦兹伯格（Christian Madsbjerg）在 2017 年出版的一本书 *Sensemaking: The Power of the Humanities in the Age of the Algorithm*（《意会：人文学科在算法时代的力量》）中举了一个真实的例子。福特公司想要进入发展中国家的新兴市场，它应该定位什么样的卖点呢？如果用大数据的方法，就得不预设任何立场地设计很多款不同的车型，在各个国家做销售实验，看哪个车型好卖就批量生产哪个。但是这根本不可行——车型变化的灵活度太大，不可能测试 500 种不同的车型，而且根本没有时间和金钱去做这种实验。

麦兹伯格的做法，是"意会"。他说要深入理解当地的文化，从文化角度判断消费者可能喜欢什么样的汽车。

在大数据越来越普及、人工智能即将大行其道的时代，自由技艺提供的这种"意会"能力，反而越来越值钱了。

④ 趋势

学习自由技艺不是为了就业，可是自由技艺这个软实力在美国的就业市场上反而很受欢迎。一项针对美国公司的统计说，现在最受欢迎的专业中，排第一的是工程和计算机科学，受欢迎度是 34%；排第二的就是自由技艺，受欢迎度高达 30%。

纪实作家乔治·安德斯（George Anders）2017年的一本书 You Can Do Anything: The Surprising Power of a "Useless" Liberal Arts Education（《你能做任何工作："无用的"自由技艺的惊人力量》）说，最新的调研数据显示了一个趋势——现在美国的就业市场中新创造的岗位中，文科生的优势越来越大。

从 2012 年到 2016 年，美国新创造了 1010 万个工作岗位，其中只有大约 5%，也就是 50 多万个岗位是在计算机相关的领域。就算把所有和互联网、计算机相关的技术岗位加在一起，也不到 10%。剩下的 90% 的新工作，大部分都和"文科"有关系——也就是需要和人打交道的工作。比如"市场研究员"，新增了 55 万个就业岗位，4 年增加了 30%，比程序员都热门。类似的还有咨询、教育、娱乐业等等，都不是纯技术的工作。

这些工作要想做好，你在大学里不能学会计、管理之类的"商科"，而应该学历史、人类学、社会学、艺术史、哲学、政治这些自由技艺课程。学习自由技艺，你一毕业的起薪不会很高，但是发展潜力大。华尔街投资银行合伙人中有相当比例是学哲学出身。各行业工资最高的人中，政治、历史和哲学出身的人占据最显眼的席位。

所以这个趋势是，机器越厉害，只会机械化技能的人就越廉价，自由技艺就越值钱。

那我们的大学教育对这个趋势做好准备了吗？

《优秀的绵羊》的作者德列谢维奇认为，连美国名校都没有做好这个准备。学生和大学系统都太过关注考试分数、获奖证书、体育项目、选修课之类"可见"的成绩，而不注重真才实学。德列谢维奇甚至说与其上名校混学历，还不如去一个专门教自由技艺的小学院学 4 年——而事实证明，这么做就业前景非常好。

那我敢说，中国的大学更没做好准备。中国传统的文理分科制度早就过时了，而我们对自由技艺的认识还停留在"素质教育"这种儿童思维上。

《如何思考》是对自由技艺教育的一个全面描述，希望这本书能打开中国读者的视野。并不是学习专业技能才叫学习。劳心者治人，劳力者治于人，自由技艺是劳心者的学问。这套学问的现代西方版本，跟中国古籍说的那些传统智慧非常不同。把自由技艺和现代科技结合起来，你就是未来最精英的人才。

屠龙术的日常应用

《庄子》里有个典故，说有人花了三年的时间和无数金钱去学了"屠龙术"，但学成归来之后他发现白学了，因为现在已经没有龙了。

我们说的自由技艺，就有点像是屠龙术。古代学习自由技艺的都是贵族，现在这么多老百姓的孩子学政治学、国际关系，难道真的都去管理国家吗？显然不可能。

但这可不等于说学屠龙术没用。乔治·安德斯（George Anders）的《你能做任何工作》（*You Can*

Do Anything）这本书中，就列举了很多屠龙术在普通公司日常工作中的应用。

我讲三个真实的故事。

❶ 研究国际关系的项目经理

有个叫康诺利（Connolly）的女青年，在斯坦福大学学的是国际关系专业。康诺利选择国际关系专业可能是因为她喜欢到各国旅游，还喜欢政治。她高中的时候就作为学生代表去过很多国家参加活动，还在奥巴马竞选阵营里当过志愿者。上大学期间，她到南非待了很长一段时间，学了当地的语言，还做了各种调研。康诺利特别擅长理解各国的文化，能跟完全不同文化背景下的人打交道。

像这样的人才，能干什么工作呢？她最初的成功，是在 WikiHow 做项目经理。WikiHow 有点像中国的百度知道，用大量教人干这干那的文章从搜索引擎获得流量，然后靠广告赚钱。

康诺利负责的项目是把 WikiHow 做成多语言版本。公司已经拥有大量英文文章，但是不知道怎么用低成本的方法把这些文章翻译成其他语言，特别是一些第三世界国家的语言，比如印度尼西亚语。

最廉价的办法显然不是在美国找会印尼语的人，而是去印尼找会英语的人。康诺利到各个国家找当地的人翻译 WikiHow 上的文章，她的国际关系技能还真用上了。哪怕是在完全不熟悉的文化环境，康诺利也能迅速识别每个人到底能干什么，到底想要什么，然后和这些人谈判。比如亚洲文化尊敬年长的人，她见到年长的人就会给足够的礼敬——但同时还有办法让他们完成该干的工作。

国际政治还教会了康诺利变通的智慧。最初，公司的设想是找一些当地精通英语的人来翻译。结果康诺利发现，很多英语好的人写作能力并不怎么样。她发现最好的办法是找那些英语水平一般，但是擅长用本国语言写作的人。其实 WikiHow 上的文章本来就挺简单，英语不用太好也容易理解。

在印尼，康诺利先从印尼首都雅加达招了一批人。她把这些人分成两组，一组负责翻译，一组负责编辑。结果两组人合伙骗她——负责翻译的人用Google的自动翻译系统随便翻译了一下，然后负责编辑的人居然就给通过了。康诺利马上想到了应对的办法，她开除了雅加达的团队，去了印尼一个边远省份的二三流大学，雇大学的师生来干这个活儿，结果这些人干得特别认真，翻译质量很高。所以有些事你不到现场了解就做不好。

而且，各国文化要求不同的文章内容。中东地区禁止饮酒，阿拉伯语版就不能有《怎样在自家酿造伏特加酒》这样的文章；俄罗斯禁止大麻，俄语版就不能有有关大麻油的内容。那像《怎样第一次亲吻一个女孩》这篇文章怎么办呢？有一个埃及人认为阿拉伯世界不会接受这样的文章，但中东的一些女孩反而表示可以有这样的文章——康诺利真的得像一个外交官一样协调这些事情。

事实证明项目经理这个工作非常适合自由技艺专业的人。在过去15年内，全世界项目经理的岗位增长了500%！想要干好项目经理，你得有批判性思维能力，有跨学科的见识，还得擅长处理人际关系。它们都决定了你能不能协调好自己的团队，能不能从外面获得帮助。

当然项目经理也得有点技术，不过技术不是关键。康诺利刚到公司的时候连 Excel 制表软件都不怎么会用，但是 Excel 能有多难？康诺利现用现学上手很快。对一个连国际关系都能摆平的人来说，这都不叫事儿。

② IBM 的社会学家

我们知道 IBM 是家高科技公司，专门做一些软件、人工智能、技术支持之类的事情，但是它也雇了很多学自由技艺的人。

比如有个叫米克（Meeker）的人，学的是社会学，但他不是名校毕业。米克的特点是实地调研的能力非常强。

还在上大学的时候，导师就建议米克去越南待半年，研究的课题是越南革命。米克到了越南，很快就学会了越南语，能跟当地人自由交流，然后他就决定留在越南再干几年。当时有很多西方公司在越南开设业务，米克就帮这些公司去进行商业谈判、促成和当地公司的合作。他既了解越南文化，又了解西方文化，工作做得很好，两头通吃，很快就出名了。

事实上，你把上面说的"越南文化"改成"人工智能"，米克的工作模式也行得通。

所以他就被 IBM 挖过去了。最初 IBM 让米克负责给自己的人工智能项目"华生"联系商业合作，后来 IBM 看上了区块链概念，专门成立了一个部门推广区块链业务，米克就被调到了这个部门。

区块链是一个技术性非常强的东西，热门归热门，但是一直到现在能真正把"什么是区块链"这个问题解释清楚的人也很少很少。IBM 想建立一个区块链商业圈，急需能向任何商业人士解释区块链的人。米克就是这个人。

米克不但能在短时间内学会越南语，还能在短时间内理解区块链。他把从 IBM 能找到的所有有关区块链的资料都读了，了解了全部细节。不论你是想听概念还是想听技术，米克都能给你说明白。

比如《你能做任何工作》这本书的作者安德斯并不懂技术，所以米克是这么给安德斯解释区块链的——

区块链的本质是信任。在原始村落里，邻居种粮食你家养猪，那他家的粮食是怎么种的你非常清楚，你家的猪是怎么养的他也非常清楚，你们两个进行商品交换肯定互相都放心。但是在现代社会，你要买有机的三文鱼，那你怎么知道这个三文鱼是不是真的有机食品呢？鱼是在哪儿打捞的，怎么运输，到你手上的时候经历了哪些人的转手，你无从得知，所以你没有信任感。

区块链就能解决这个问题。区块链把有关这条鱼所有相关的生产和运输信息都记录下来，然后以去中心化的形式存储，谁也没法删除改动，那么人们就能充分了解整个供应链的所有情况。

有了这个介绍，你大概就已经对区块链有点概念了。如果你还想了解技术细节，米克还能讲给你听。

这就是社会学给米克锻炼出来的能力。**能调研、能学习，还能表达。**米克的原则是讲任何东西都要考虑听众的视角，只有充分理解听众，对谈话背景非常敏感，你才能把这个工作做好。

③ 投资界的哲学家

《黑天鹅》（*The Black Swan*）《反脆弱》这两本书的作者纳西姆·塔勒布有个身份是期权交易员，他赚了很多钱，但是因为书写得太好，人们更愿意把他当成一个哲学家。金融大鳄索罗斯（Soros）是哲学家卡尔·波普（Karl Popper）的弟子，他也希望被视为哲学家，但是因为金融玩得太大，人们还是把他当成一个交易员。

这个要点是有很多搞金融的人其实是学哲学出身的。创始人、高管、普通员工都有。如果你是哲学系的毕业生，去华尔街找工作的时候你会有一种亲切感。

安德斯重点讲的人物是卡尔·伊坎（Carl Icahn）。伊坎是那种发条推特就能影响苹果公司股价的人，个人身价是 170 亿美元。

伊坎喜欢的商业模式是收购一个很有潜力但表

现并不好的公司，重组这个公司，告诉管理层应该怎么改革，改好了再卖掉。

伊坎以前就是学哲学的，哲学跟这种工作有什么关系呢？伊坎说，哲学的一个智慧，就是看你在混沌不明的情况下能不能做出自己的判断，在互相矛盾的情况下能不能正常行事。

收购一个公司之后，伊坎对管理层的重组改革，就运用了这个精神。

安德斯在《华尔街日报》当过记者，他跟伊坎有过很多次交流。伊坎有一个很重要的特点，就是他总要跟人解释清楚他为什么要这么干。他会先说一遍自己的改革意见，再说一遍那个公司管理层的不同意见，然后还要解释一下为什么管理层错了，管理层缺少了什么关键信息才犯了这个错误。

伊坎善于转换不同的视角来看一个问题。他坚持自己的观点，同时又尊重别人的意见。

这就是一种哲学家气质。关键词是"矛盾"！哲学让你学会适应矛盾。

再比如说排名很高的风险投资者中，有很大比例的人以前学习的都是跟金融没有关系的专业，其中学哲学的人有很多。其中有个投资者是这么说的——

想要做一个成功的投资者，你得同时拥有两个素质，这两个素质看似是矛盾的。首先，你要非常有主见，你一定要相信自己这个投资能成功，你才敢干。第二，你还要有一个开放的头脑，能够随时接受新的信息，勇于推翻自己之前的决定。既要坚持，又要改变，很矛盾，典型的哲学家气质。

自由技艺是统治世界的技术，现在你看，这些自由技艺专业的毕业生虽然没进政府部门，但是真的正在统治世界——至少也是在运转这个世界。

当然他们可不是一毕业就能统治世界。考察美国刚毕业 5 年的各专业平均工资排名，排第一的是计算机，平均年薪 63,500 美元，前几名都是实用的技能，而哲学专业平均年薪只有 44,700 美元，往后是政治、历史、英语、心理学专业，一年只能挣三四万美元。（如表 2-1）

表 2-1

初入职场标准薪资

工作经验 0-5 年年薪

计算机	$63,500
护理学	$57,500
土木工程学	$57,200
会计学	$48,300
企业管理	$45,800
哲学	$44,700
政治学	$44,300
历史学	$42,200
英语言文学	$40,400
心理学	$38,300

但是考察那些毕业 10 年到 20 年这个区间的各专业收入，你会发现学自由技艺的人的工资水平逐渐增高。排在最前面的还是计算机，平均年薪111,000 美元，但这时候学哲学的达到了 84,100 美元，学政治学的是 79,900 美元，已经分别排到第三和第四位。（如表 2-2）

表 2-2

资深人士标准薪资

工作经验 10-20 年年薪

计算机	$111,000
土木工程学	$96,300
哲学	$84,100
政治学	$79,900
会计学	$77,200
护理学	$74,100
历史学	$72,600
企业管理	$72,300
英语言文学	$68,200
心理学	$62,100

然后再考察各专业最成功的人才一生的总收入。前十名里面第一位就是政治学，一生收入481万美元；第二位是历史，375万美元；哲学排第四，346万美元。（如表2-3）

表 2-3

成功人才一生总收入

前十名专业，汉密尔顿数据统计

政治学	$4,810,000
历史学	$3,750,000
会计学	$3,650,000
哲学	$3,460,000
企业管理	$3,070,000
土木工程学	$3,360,000
计算机	$3,200,000
英语言文学	$2,810,000
心理学	$2,640,000
护理学	$2,160,000

这就是自由技艺的后劲。你的起薪不高，但是如果你学到了真本事，最后一定会拔尖。

我对中国的文科教育不太了解，但我感觉如果你学的是人文学科，那么学习大概有三个层次。

第一层是"学事实"。你得记住哪个年代发生什么事儿，哪个皇帝有什么政策之类的知识。

第二层是"学观点"。比如你得知道怎么评价太平天国运动，甚至各位名家的观点。

这些事实和观点，固然是必备的专业素质，但是如果你毕业以后就不从事这个专业了，它们就只是谈资而已。

第三层是"学方法"。你能不能直接考察一下当时的原始材料，比如太平天国相关的经济数据、清朝大臣的奏折之类，从中得出自己的观点，并说服别人接受你的观点。这才是批判性思维，这才是真正值钱的技能。

试想一个掌握了批判性思维的人，如果还能钻研一点最新的科技，他怎么可能找不到好工作呢？

表面上看毕业以后都改行了，但实际上学哲学的人的确靠着哲学气质，学社会学的人的确靠着社会学修养，学国际关系的人的确运用了国际政治手段在做事。他们把软技能和具体的公司业务结合在一起，都取得了成功。

从"刻意练习"到"功夫在诗外"

　　一个最普遍的创造方法，就是"想法的连接"。我们最好能把一个遥远的想法跟你手里的东西连接在一起，提供一个新思路。美国莱斯大学管理学教授斯科特·索南史恩（Scott Sonenshein）在 *Stretch: Unlock the Power of Less-and Achieve More Than You Ever Imagined*（《俭省：释放"少"的潜能，取得"多"的成就》）这本书里列举了大量案例和研究结果，我看完的感觉是，想法连接式的创新模式比我们想象的重要得多。

可能遥远的想法比你手里的东西还有用。可能外行比专家还厉害。可能这是一个多面手当道的时代。

① 外行的洞见

对于丹尼尔·卡尼曼的《思考，快与慢》那本书，现在有很多声音说，卡尼曼这本书里提到的有些实验是不可重复的。可能现在你看那本书的感觉——让我们大胆猜测一下——就如同读过《三国演义》以后回头再读《三国志》，原来"真实"情况没有那么有意思啊！

但我想说的是，《三国演义》可比《三国志》有用多了。

看《三国志》的人可以获得学术声望，看《三国演义》的人却能解决大问题。

索南史恩讲了这么一个案例。视频网站网飞（Netflix）曾经举办过一个竞赛，悬赏 100 万美元，给第一个能把它的电影推荐引擎的准确度提高10%的团队。

两万多支队伍参赛。最后排名第17的这支队伍，只有父女两人，女儿只提供数学支持，父亲也没有太多专业背景。这个人叫加文·波特（Gavin Potter），他是卡尼曼的粉丝。

当年在大学的时候，波特听说过卡尼曼的一个思想。卡尼曼说如果在一个人做预测或者判断一个数值的时候，给他事先看一个比较大或者比较小的数字，那么他的判断也会是一个比较大或者比较小的数字。这个人明知道给他看的数字跟他要判断的项目没有任何关系，还是会受到那个数字的影响。

这个现象，在心理学上叫"锚定效应"。我可以补充一点，有人做实验，让受试者先写下自己的生日，然后判断一瓶红酒的价格——结果生日数字比较大的人，给红酒的估价也比较高。这个实验在意料之外但又是情理之中——可惜后来有人发现，实验结果无法重复。

所以波特先生听说的那个心理学结论未必靠谱，但是波特先生有一个洞见。

波特设想，假设一个人连续在 Netflix 上看两部电影，如果第一部电影他很不喜欢，那么这种心情就可能会影响他，让他也给第二部电影一个过低的评分；反过来，如果他非常喜欢第一部电影，那就可能给第二部电影一个过高的评分。在那一刻，他自己并不是他真实的自己！那么当你使用他的评分数据的时候，就应该考虑到这一点，调整他给第二个电影的打分。

凭这一点，波特最后把推荐引擎的准确度提高了 9.06%。

卡尼曼说的不一定对，可是波特说对了。波特在之前 Netflix 举办的一次交流会上，把这个思想分享给了其他的队伍，最后获得第一的队伍实际上也使用了这个思想。

这件事非常有意思。波特是个外行，他真正的优势既不是编程技术，也不是自己以前的专业，而居然是他早年从卡尼曼那里学来的一个不靠谱的心理学知识。

这就叫神来之笔——非常遥远的两个东西，通过一个非常规的渠道，连接在一起，把问题解决了。

事实上，外行解决问题是一个非常普遍的现象。有个众包网站叫 InnoCentive，你如果是某个领域的高手的话，不妨去注册一个账号。InnoCentive 是个平台，哪个公司有什么解决不了的技术问题，可以在这个网站上悬赏，谁第一个解决了就给谁奖金，奖金有时候高达几万美元。

有人用 InnoCentive 的数据做了一个研究，结果发现"外行"解决的问题，比"内行"解决的问题多——生物学家解决的化学问题，比化学家解决的化学问题多。

为什么会这样？一方面，本专业专家能解决的问题肯定早就解决了，也不至于悬赏。另一方面，复杂问题的确需要用到多个专业的知识，比如有个研究水泥、从来没研究过石油的化学家，就在 InnoCentive 上解决了一个海洋石油污染的问题。

那么技能和眼界单一的专家们，就得有点紧迫感了。

❷ 什么时候"练习"最有用

成为专家的办法，是"刻意练习"。本来刻意练习强调的是练习的方法，可是格拉德威尔的畅销书《异类》的影响力实在太大，现在人们都认为练习的关键是时间长短——你要练习一万个小时，才能成为专家。

可是练习时间长短，和实际工作表现之间，到底有多大联系呢？索南史恩列举了一些综合性的研究，也就是所谓"荟萃分析"（meta analysis），把几十个研究放在一起分析结论。结论有两个。

第一，有严格固定规则的领域，练习的作用最大；没有严格规则的领域，练习的作用非常有限。

比如国际象棋就有非常严格的规则，在国际象棋的领域内，一个人的总练习时间能够解释他26%的表现。在音乐领域，练习时间长短能解释21%的表现；在体育领域，练习时间长短能解释18%的表现。剩下的可能是天赋和临场发挥水平之类，也许还包含偶然因素。而教育、编程、航空飞行这些更常见的职业，往往不像体育比赛那样有什么固定规则，发挥更加复杂，一个人的练习时间，居然只能解释不到 10% 的表现。

第二，环境局面越是可控和可预测的，练习的作用越大；局面如果是复杂多变、不可预测的，练习的作用就很小。

综合统计，在那些最可预测的环境里，练习能解释 24% 的表现。在最不可预测的环境中，练习能够解释的因素只有 4%。

练习其实就是练习套路。真实世界里的工作套路并不固定，高水平工作要求你能临场发挥，要求你借鉴不同领域的见识，只靠年轻时候的刻意练习，当一个方面的专家就远远不够了。

③ 21 世纪什么人才最贵?

答案当然是天才最贵。天赋无法复制，可遇不可求，是最稀缺的资源。

那什么人才是第二贵的？答案是多面手。

索南史恩举了个例子。网络上曾有个流行词汇叫"斜杠青年",下面要说的这个人,就是"特极斜杠青年"。

斯多里·马斯格雷夫(Story Musgrave),是 NASA 的宇航员,他还曾经是:数学家、程序员、飞行员、军人、研究人脑的科学家、外科医生。

事实上,就在他在 NASA 工作的 30 年间,马斯格雷夫每个月还有 3 天时间去医院给人做手术。马斯格雷夫没有高中毕业证书,念到一半就退学了,在机场担任过一段时间的电气工程师。他看人开飞机自己也想开,就重返校园读大学,结果就一发不可收地学习了很多专业,成为了:数学学士、化学学士、工商管理硕士、医学博士、生理学和生物物理学硕士、文学硕士。

像这样什么都懂的人应该去干什么呢?学这么多有什么用呢?

马斯格雷夫在 NASA 以"能修理所有东西"著称,特别擅长临场解决问题。所以当哈勃太空望远镜出了问题,整个 NASA 的声望系于一线的时候,NASA 发现只有马斯格雷夫最适合执行这个修复任务。马斯格雷夫自己也跟人说："我之前学习的所有技能，可能都是为这一天准备的。"

马斯格雷夫通过三次太空行走，总共历时 22 个小时，修好了哈勃望远镜。

今天社会的分工越来越细，需要很多专才（specialist），教育系统培养的也是专才，可是真正值钱的却是通才（generalist）。尤其是领导职位，比如一个公司的 CEO，应该在各个领域都有所涉猎才行。

有人调查了 4500 名 CEO 的履历表，发现他们总共从事过超过 3.5 万个不同的职位。研究者就考察这些 CEO 之前从事过职业的多样化程度，来判断这个人是"专才"还是"通才"。结果是"通才"更受欢迎。

"通才式 CEO"的平均工资，比"专才式 CEO"的高出 19%，相当于每年多 100 万美元。

如果是特别复杂的业务，比如涉及公司合并、收购之类的技能的话，通才的工资甚至比专才高出了 44%。

我想澄清一下"练习时间"和人所能达到的水平之间的关系。我多次强调过，"刻意练习"的关键不是时间，而是方法。但问题在于"方法"很难观测，"时间"容易统计——这就是为什么大部分对练习的研究都在考察练习时间，其实总时间根本不能说明问题。

比如我看过有研究说，一个医生在刚工作的头几年，是经验越丰富水平就越高，可是几年以后水平常常就停滞不前了。这是因为他们只是在花时间工作，而不是在学习区工作，那不叫"刻意练习"。

不过，"老手并不一定是高手"，"专家不一定最好用"，这两个道理，仍然是成立的。

这是一个需要通才的时代。可是"练习"容易刻意，成为通才似乎很难刻意。你很难抱着实用的目的学习广泛的知识——到底哪个知识有用，应该在各个领域投入多少时间最划算，这种优化问题根本无解。通才的目的本来就是为了对付复杂问题和不确定的局面。

也许"××知识到底有什么用"，这个问题就错了。如果哪个知识都可能有用，那你最应该关心的其实是你对什么感兴趣。真正的斜杠青年追求的不应该是在简历上多加几个斜杠，而应该是培养广泛的兴趣，把知识本身当成回报。

如果你们公司要请一位 CEO，你是选一个一路都在学习"管理"，被人用各种大小职位喂出来的"管理者"呢，还是选一个经历复杂的非科班人士呢？美国人选总统选了没有行政经验的特朗普。

年轻人应该多讲讲"刻意练习"，出来混就要多想想"功夫在诗外"。可是我们搞的这种教育，强迫小孩每个周末出去学习各种"才艺"，长大了越学越专一，什么吹拉弹唱早就不用了——这是不是本末倒置呢？

深度对广度

这一篇我们结合科学作家戴维·爱泼斯坦（David Epstein）的 *Range: Why Generalists Triumph in a Specialized World*（《范围：为什么通才能在专业化的世界中取胜》）一书，说一说专才和通才在创新方面的比较。我们先从漫画说起。

漫画是一个成熟的行业，美国有几百家漫画公司和出版社，比如 DC 和漫威都是我们很熟悉的。这个行业十分繁荣，经济学家就可以从中做些研究。比如经济学家可以通过销量和影视改编的情况，测量一本漫画书的价值有多大，然后评估每个作者的创造水平。

请问在以下这些因素之中，你认为哪些跟漫画作品的价值有正相关？

（1）作者是不是一个高产的作者，他出书的速度快不快；

（2）作者的经验如何，他在漫画行业积累了多少年；

（3）这本漫画是由单个作者完成的，还是由一个团队集体创作完成的。

如果漫画是个熟练工种，特别高产又有多年经验的作者经过了那么多的练习，肯定水平更高……但事实是一本漫画书的价值和作者的高产度是负相关的关系，和作者的经验则没有相关性。也就是说，那些出书频率特别快的作者出的书反而一般，而书的好坏和作者是新人还是老手没关系。

最有用的因素，是作者涉猎的广度。研究者把漫画分成了 20 多个类型，包括喜剧、犯罪、奇幻、科幻、非虚构、成人类，等等，结果发现，一个漫画作者涉足的类型越多，他出一本书的价值就越高。而如果一个作家曾经出版过至少 4 个类型的漫画，他就比那些工业化集体创作的团队更有创造力。

如此说来，漫画作家的创造力由广度决定。你是生手还是老手都没关系，但你最好是个多面手，而不是一个熟手。

那这是一个普遍规律吗？

① 遥远的连接

前文提到，所谓创新，就是想法的连接。这就好像有性繁殖一样，新东西是几个现有的东西连接在一起创造出来的。连接越遥远，创新就越新颖。

前文我们提到过 InnoCentive 这个网站，在这个网站中，"外行"解决的问题，比"内行"解决的问题多。

爱泼斯坦还提到一个叫 Kaggle 的网站，相当于机器学习界的 InnoCentive。在 Kaggle 解决问题排名第一的人，是来自中国长沙的 Dai Shubin。[1]

Dai Shubin 的本职工作是"专为银行提供数据处理和分析解决方案",但是他在 Kaggle 解决了很多诸如"如何用卫星数据判断亚马孙雨林的流失到底是自然原因还是人为原因导致的"这种问题。Dai Shubin 在访谈中说,"我不认为我的专业领域知识发挥了极大作用",因为"想要简单地通过使用成熟的方法赢得比赛非常困难,特别是在深度学习比赛中,因此我们需要更多创造性的解决方案……"

你可能会说,这些是不是幸存者偏差呢?凡是贴在 InnoCentive 和 Kaggle 上的问题,都是自己专业解决不了才贴出来的,那自然就容易被外人解决!有没有一个更公平的研究,看看专才和通才的创新能力到底哪个强?

还真有。

❷ 什么人最有创造力

美国 3M 公司的业务非常广,产品从工业黏合剂到医疗设备到家用电子无所不包,它拥有各个领域的很多专利。研究者从 3M 公司的专利数据中，发现了创新人才的秘密。

美国专利局把所有专利分成了 450 个类型，经济学家根据每个人申请专利类型的记录，就可以看出他是哪种人才。

专才的做法是在一个领域中深耕，他的专利申请记录高度集中于某个类型。而通才，则讲究广度，他在很多类型中都有专利，但是并不深入到任何一个特别的类型中去。

研究者取得了 3M 公司的内部记录，能够评估每个专利带给公司的价值。结果发现专才和通才的专利水平可以说是不分伯仲，他们都不是最强的人才。

3M 公司有个奖励创新的"卡尔顿奖"（Carlton Award），相当于公司内部的诺贝尔奖。那什么样的人最能获得这个奖呢？我们可以称之为"全才"（polymath）。

全才的特点是，他有一个自己的核心领域，在这个领域中钻研比较深，比通才深但没有专才那么深。但是全才不仅仅专注于这一个领域，他能够把核心领域中的技能运用到邻近的领域中去。他通过这样的方式能不断学习新东西，以至于最后全才涉猎的广度甚至超过了通才。全才往往可以纵横几十个专利类型！全才的创造力是最强的。

什么样的人最能创新？我们的结论是你钻研得特别深也行，或者特别广也行，最好是既深又广……最怕的就是既做不到深，也做不到广。

研究者还统计了这几种人才贡献度的演变情况。从"二战"结束后的总体趋势是专才的重要性越来越强，世界的确变得越来越专业化……但是专才的重要性在1985年就到顶了，然后剧烈下跌。通才和全才越来越重要。

此后专才的作用保持了一段平稳期，但是2007年之后，又开始下降。研究者分析这很可能是因为现在有了互联网，专业知识越来越容易被人得到，专才的稀缺性进一步下降了。

所以现在这个世界恐怕是通才已经压过了专才。而专才更严重的问题在于他们擅长的领域都是比较狭窄的，这种方向的不确定性比较低。结果就是专才的竞争很激烈，而且如果你取得突破，别人会马上学过去。

那通才是怎么工作的呢？我们再举一个例子，说说游戏公司任天堂。

❸ 任天堂的故事

任天堂原本是一家在日本卖花札纸牌的公司，这是一种赌博用的纸牌，任天堂靠享有专营权赚钱。到 20 世纪五六十年代，人们都不玩花札纸牌了，任天堂不得不用积累的资金探索新的业务。公司在 1965 年雇用了一个电子工程师，叫横井军平。

横井军平没去大公司大概是因为学习成绩一般。不过他的业余爱好特别多，会弹钢琴，喜欢音乐、跳舞、潜水和玩具火车。当时任天堂也没有什么电子项目，横井军平只是负责一些最简单的机械维护，非常清闲。穷极无聊之下，横井军平做了一个能伸缩的机械手，自己拿着夹东西玩……

这被老板发现了。老板说你能不能把它做成一个玩具呢？这就是横井军平的第一个爆款产品——

"超级怪手"，卖了 120 万份。任天堂就此转型为玩具公司，横井军平就是公司的研发负责人。

任天堂公司发现，横井军平是个有哲学思想的人。一般的玩具公司都追求使用最新的电子技术，而横井军平的理念却是把那些已经成熟的、甚至是过时了的技术拿过来，便宜可靠，组合在一起变成一个让你意想不到的新玩具。横井军平的主要竞争优势是他头脑里的奇思妙想。

比如他有个发明叫做"爱情测试仪"，其实就是一个能读取电流强度的电表。两个人手拉手形成一个闭环，爱情测试仪根据穿过两个人身体的电流的强弱给出一个读数，说明这两人有没有"心电感应"——其实是由手上出多少汗决定的。爱情测试仪流行一时，男女老幼都爱玩。

再比如说，当时无线电控制的玩具汽车很流行，但是价格非常贵，贵就贵在上面的无线电装置。横井军平发明了一款玩具汽车，只用最简化的无线电操控，以至于车轮只能左转——但是他把它设计成了一个绕着圈跑的赛车，会左转就够了。孩子们玩起来还挺顺手，而且价格只有一般无线电玩具汽车的 1/10。

有一次横井军平坐火车，看见邻座有个人穷极无聊，在那里按计算器玩。他就突发奇想：为什么没有一个可以装在口袋里的游戏机呢？他回去就说服了老板，找夏普公司合作，要用计算器技术开发一个掌上游戏机！

计算器在最辉煌的时候，曾经卖过两三百美元一台。可是在当时那个时候已经不行了，越来越便宜，利润很低，夏普正在发愁呢，双方一拍即合。一切技术都是现成的，液晶显示屏、计算系统都很便宜。这就是第一台手持式游戏机，大获成功。

这个产品最终发展成了著名的 Game Boy。在 Game Boy 的时代，市场上出现了一些高端的掌上游戏机，有彩色的显示屏，但是都竞争不过只有黑白液晶屏的 Game Boy。按照横井军平的哲学，Game Boy 价格便宜，结实摔不坏，进水了晾干还能用，装上 AA 电池能玩好多天，非常适合中小学生——横井军平知道这些人才是玩游戏机的主力。

横井军平 1997 年不幸死于车祸，他的哲学一直影响任天堂到今天。比如 Wii 这个游戏机，分辨率远低于竞争对手，但是它是第一个把原本是汽车用的加速度计和陀螺仪用在手柄上的游戏机，连英国女王都玩它。

爱泼斯坦书中提到一个研究说，除了投入最低的那些公司之外，一个公司在研发上投入的资金多少，和创新水平之间的关系并不大。

创新并不仅仅来自更快、更高、更强的硬件，更是来自人的思想。

造第三

W SCIENCE OF

RNING FOR GENERALISTS

到底什么是发散思维

这一篇说个有点神秘的东西——"发散思维"。

你肯定听说过这个词。很多教育家呼吁培养小孩的发散思维。比如一个小孩数学题做得中规中矩，可是性格不活泼特别老实，教育家就可能认为他缺乏发散思维。另一个小孩说话天马行空、思路离奇，教育家就可能认为他很有发散思维。能在两分钟内写下砖头的 50 种不同用法的"发散思维"，是不是就比老老实实把数学题做对的"普通思维"高级呢？

从常识判断，我们总觉得能把题做对的人更有用。可是考察各种发明创造的传说，最后关键的那一步，似乎又的确是发散思维的作用。

那么发散思维，和把题做对的这种思维——我们不妨称之为"集中思维"—— 到底是什么关系？这一篇我们就结合芭芭拉·奥克利（Barbara Oakley）的这本《学习之道》[*A Mind For Numbers: How to Excel at Math and Science (Even If You Flunked Algebra)*] 说一说。

① 集中思维

先说"集中思维"。这就是老老实实做数学题的思维。一个外部信息进来，你立即在大脑中给这个信息定位，专注思考，快速处理，这就是集中思维。比如让你算一个两位数乘以两位数的乘法，你根本不会分心，拿过来就算。因为你头脑里已经有了现成的乘法口诀——也就是套路，你把这些套路自动用上，很快就能得到答案。

再比如你读书看到一个从未听说过的新名词，为了理解这个名词的意思，你就不得不一字一句地读书中的内容。这时候你的思想集中在这个概念上，根本没有余地分心，这也是集中思维。

集中思维需要专注。在处理抽象的问题，或者按照一定的规则做事，或者对某种东西进行解码，探究事物背后本质的时候，我们的大脑就是一台单进程计算机，任何分心都会降低效率。

"专注"，可以说是大脑的基本功。不能专注思考就不能掌握操作规则和理解抽象概念。想要在任何脑力领域有所成就就非得从小训练专注的功夫，在理工科上更是如此，就好像古代大儒们"养气"一样。人长时间专注做一件事会感到劳累，除非你特别厉害，能进入"心流的状态"——但即便如此，大脑集中思考时总是更消耗能量，就好像一台发热到让风扇嗡嗡作响的电脑。功夫浅的人需要意志力来强迫自己专注。

但是集中思维有个很大的局限性，需要用发散思维来弥补。奥克利在书中画了两张图说明这个问题。（如图 3-1）

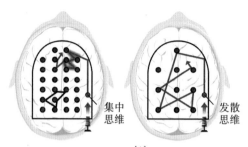

图 3-1[1]

我们可以把人脑处理新想法的过程想象成一个弹球游戏。上面两张图中的大脑边上有个弹簧，新想法就好比是一个球，弹簧把球弹入大脑。

左边的大脑进行的就是集中思维。球进来以后迅速到了大脑前方的区域，那里有些路线是加亮的，表示高速公路，相当于大脑中现成的套路，比如乘法口诀。集中思维是把新想法集中在大脑中的一个特定区域处理。小球就一直在那里打转，如果问题的解决方案也在那里，那大脑很快就能解决它。

发散思维就如同图中右边的那个大脑，里面没有那么多高速公路，大脑对新想法的限制是很松散的，小球进来以后到处乱窜，哪个区域都可能去到，有时候就有可能路过正确答案所在的区域。所以发散思维是一种全局思维，的确有点天马行空甚至是胡思乱想的意思。

专业水平越高的人，越容易发生这样的集中思维。这是因为他们的大脑中有很多现成的高速公路，新想法进来马上就能被这些高速公路传递到特定的区域里，这就是"套路深"的好处。

而集中思维的弊端在于，如果问题的答案不在小球一开始进入的区域，就很难找到答案了。如果答案在图中左后方黑色线条围起来的那个区域，而我们头脑中的高速公路一上来就把小球送入正前方的红色区域打转，那么就怎么也找不到正确答案。

集中思维的这个弊端，有个专门的名词，叫"定势效应"（Einstellung Effect）。说白了它就是当局者迷，我们头脑里已经存在很多定势，一个想法产生后，我们首先会把它直接放到我们的定势区里，用现有的套路去琢磨它。但可能琢磨半天也找不到答案，因为这个答案其实在"灯火阑珊处"。

举个例子。给你两个等腰直角三角形，让你把它们拼成一个正方形。答案很简单，把两个三角形

的斜边拼接在一起就是个正方形。（如图 3-2）

图 3-2[2]

如果你做这件事做得很熟练，那么"把斜边拼在一起"，就成了你头脑中的一个套路。给你三角形，你首先就想到拼斜边。这就是集中思维，它能保证你下次遇到类似问题时能快速找到答案。

现在出现了一个新问题，四个三角形，怎么拼成一个正方形呢？如果你使用集中思维，根据套路还是去拼斜边，你就无法得到正确答案。（如图3-3）

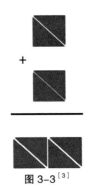

图 3-3 [3]

这时候你就需要运用发散思维，从定势里释放出来，让小球去别的区域找找答案……换个角度，这时候应该把直角边拼在一起。（如图 3-4）

图 3-4 [4]

这就是"跳出思维定势解决问题"。当然这个所谓"发散"，所谓"跳出"，前提是你已经有了一个思维定势。在这个简单例子里，"拼斜边"这个思维定势其实并不强，我们一眼就能看出来四个三角形的解法。但是对更难的题目，特别是实际工作中遇到的问题，专家往往会有很强烈的思维定势，那么主动进行发散思维就非常有必要了。

你可能需要放下手中的工作出去散散步，你可能需要找个人讨论，总之就是要主动停止集中思维，先把想法放下，去期待发散思维。

现在再想想，所谓"发散思维"其实一点都不神秘。"发散思维"和"集中思维"无非就是人脑的两种工作模式，都需要下功夫训练才能发挥作用。

让我说的话，集中思维才是脑力工作者的本钱。只有集中思维才能掌握套路和抽象概念，才能让你的脑子里事先有一个"答案区"。如果根本就没有这个答案区，小球就算走遍全脑也没用。

我们平时在学校接受教育，或者自己读书自学，的确都是专注于集中思维，可以说练的都是基本功。教育系统这么做也有道理，因为基本功特别容易考核！只要有大纲有套路，老师就容易出题，学生就容易备考，大家都方便。

学校教育的缺陷在于如果只有这一身基本功而不会灵活运用，到了实际工作的时候可能就发挥不出来。这就好像一个人的身体特别好，各种武术套路都会,但是没打过仗!一旦真跟人交手就可能缺少想象力,不会应对突发情况和不熟悉的局面。

可是,到底有多少人需要在工作中随时面对突发情况和不熟悉的局面?大多数工作无非就是循规蹈矩而已。也许只有从事创造性工作的人,才需要发散思维。而且只要有了集中思维的基本功,想要发散一下其实并不难。

发散思维,不应该指望在学校学,而应该自己主动实践。

而我们最重要的一个教训,其实是每个人都应该学会合理使用自己的大脑。不要把大脑当成黑箱,不要以为大脑有多神秘,要把大脑当成工具!根据不同情况主动切换集中思维和发散思维——关键词:主动。

那么,怎样才能发挥发散思维呢?

先来看图 3-5 这张照片——

图 3-5 [5]

这是 2004 年的一场国际象棋快棋赛。坐在右边这位大人是著名的象棋大师卡斯帕罗夫。左边这位小孩是个神童，叫马格努斯·卡尔森（Magnus Carlsen），当时只有 13 岁。后来卡斯帕罗夫成了卡尔森的教练，今天的卡尔森已经是 2013 年、2014 年、2016 年和 2018 年的国际象棋世界冠军得主，等级分排名第一。

图中卡斯帕罗夫正在非常专注地盯着棋盘思索，而卡尔森起身离开了座位，他似乎想走两步散散心。这场比赛的最后结果是平局——而且是卡斯帕罗夫求和。

卡尔森在场上散步不是因为他坐累了需要休息，也不是在运用什么心理战术。他是在主动使用发散思维。

② 什么都不想

前文提到，集中思维有个定势效应，容易使人陷入当局者迷的状态。这时候如果主动使用发散思维，跳出圈外换个思路，最后往往能创造性地解决问题。

那怎么跳出来呢？在蒂姆·哈福德（Tim Harford）的《混乱》（Messy）这本书里有一个办法是"任意的震动"，也就是随机地从外部寻找一个方向想问题。而在《学习之道》这本书里，奥克利做了很多调研，她总结的一个办法，是干脆什么都不想。

这是因为发散思维有个重大特点——它可以在后台无意识地运行！我们知道人的意识其实只是大脑中各种活动的一小部分，大脑中的神经元随时都在做你没有意识到的连接。有时候你明明没有在想那个问题，却突然获得了灵感，也就是头脑中的"小球"自己就跑到答案所在的区域去了。

比如数学家张益唐想出孪生素数猜想证明的关键一步时，可没有趴在桌子上做计算。据报道，张益唐当时在朋友家做客，朋友说你能不能帮我去后院看看有没有鹿进来。张益唐就到后院边抽烟边散步，他想的是看看有没有鹿，可是突然之间灵感就来了！

张益唐没把这个灵感神秘化，他说"好的灵感离不开长期思考的积淀"，这其实就是必须先有大量的集中思维在大脑中做好各种储备。储备的想法多了以后，大脑自动就会做各种连接，也许某一个连接就把问题解决了。那一刻张益唐可能没有主动思考，但是他的大脑从未停止思考。

这就是为什么我们经常听到创新者说他们在散步、洗澡、看电影这些与工作无关的事情中会突然获得灵感。以前我看史蒂文·约翰逊（Steven Johnson）写的《伟大创意的诞生》（*Where Good Ideas Come From*）一书中也说过类似的道理，约翰逊把这种发散思维获得的灵感称为"慢直觉"（slow hunch），也就是说这个灵感不是轻易产生的，它要求你之前必须在这个问题上已经花费了大量的集中思考的时间。

奥克利说我们在从事创造性工作的时候，应该交替使用集中思维和发散思维。集中思考一段时间就去做点别的，主动停止思考，把问题交给潜意识一段时间。整个的思考过程就好像是用砖头砌墙。集中式思维是让各种新想法新概念、各种套路在你的大脑里生根发芽，是形成砖头。而发散思维则是用水泥把砖头连接在一起。只有水泥没有砖头，只有砖头没有水泥都不行。

奥克利讲了爱迪生的例子。爱迪生进行发明创造需要灵感，而且他主动寻求灵感。他发现自己在半睡半醒之间最容易产生灵感，可是真睡着了又容易把灵感忘了，怎么办呢？爱迪生的做法是半躺在椅子上小睡，手里拿个球，一旦真的要睡着，手就会松开，球就会掉到地上发出声响唤醒他！这时他就赶紧把刚才要睡还没睡那一刻的想法记下来。

主动的发散思维，其实就是主动的"不思考"。奥克利说如果时间紧，比如在开会途中需要调整思路，像卡尔森下国际象棋那样起来走几步也可以，实在不行哪怕闭会儿眼睛也能有点帮助。

❸ 给点时间

所以发散思维其实就是给大脑时间去建立新连接的过程。我们学习新知识也需要把新东西和大脑里已经有的东西连接起来，这也可以说是一种发散思维，也需要时间。人脑不像计算机的存储器能瞬间记录信息，大脑是肉长的。这就好像砌墙，你有了砖头和水泥，总要再给点时间让水泥风干了，墙才能结实。

这就是为什么我们第一次学习新技能的时候总觉得很别扭，过段时间，哪怕是睡一觉或者隔一天不练，再拿起来感觉反而好多了。

这一小段"不练"的间隔期对大脑非常重要。奥克利说这就好比练举重，如果你每时每刻都举重，你的肌肉就没有办法生长，总要停一段时间长肉。

我们学习各种技能，有时候会遇到一个短暂的"平台期"。比如我记得当年我学开车，一开始进步神速，过了一段时间，就感觉有几天虽然一直在练，但是水平不但没提高反而还下降了，怎么开都别扭，这就是平台期。这个平台期其实是大脑内部正忙着建立新连接的时期，不是没有进步，是后台正在重组！奥克利的书中有人学钢琴也有这样的体会，一首很难的曲子练了几个小时怎么练也练不好，睡一觉第二天自动就会了。

据此我们知道，学习知识并不是越快越好。复杂的技能需要时间间隔。

④ 两种工作记忆

前面的内容提到过，现在心理学认为人有两种"工作记忆"。"短期工作记忆"相当于计算机内存，是完成一项具体工作的时候大脑随时使用的记忆。"长期工作记忆"相当于硬盘，是我们平时的知识储备。

人的短期工作记忆能力非常有限，现在的共识是一般人只能同时考虑 4 个东西。这 4 个东西最好都是跟当前要解决的问题有关的，这就是为什么要保持专注。

所谓学习，就是把进入到大脑的短期工作记忆的内容强化吸收，写进长期工作记忆之中的过程。所谓创新，就是把长期工作记忆中的相关内容调出来，放在短期工作记忆里跟新信息形成配合的过程。

集中思维，就是在此时此刻的短期工作记忆里强化这个新信息。而发散思维，就是短期工作记忆和长期工作记忆之间的通道。

我们有个说法叫"劳逸结合"，其实对脑力工作者来说，"劳逸结合"这个词根本不适用。如果你以科研为生，你可能早就意识到了，科学家根本没有真正休息的时候，我们每时每刻都在想问题。如果你不搞科研，但是经常跟科学家聊天的话，你可能会发现他有时候说着说着就走神了——他又想到他的问题上去了。我有个朋友就说："搞物理的人不应该开手动挡车，因为我们在路上太容易走神了。"我现在还有这个问题，有时候会不由自主地沉默，引起妻子不满。

如果你真的深入到一个问题中去，表现出来就是心事重重。就好像正在经历什么人生巨变一样，你不想这个问题都不可能。也只有进入这样的状态，灵感才可能来找你。

所以主动切换集中思维和发散思维，对老百姓来说难处也许在于怎么专注于集中思维，对职业选手来说关键却在于学会暂时不思考。

怎样"不"集中注意力

你肯定已经听过太多有关"集中注意力"的道理了，这一篇我们说一个同等重要的道理：怎样不集中注意力。注意力是一种有限的资源，你要是不擅长不集中注意力，你就不擅长集中注意力。

你大概听说过，"意志力"可能是一种有限的资源。一个人不可能时刻严格地束缚自己，不能一天到晚紧绷着，必须是该休息还要休息，该放松还要放松。

"注意力"和"意志力"似乎有关系，我们强迫自己集中注意力的时候，必然要花费意志力。但据我理解，有些注意力就不需要意志力，比如读一本惊险小说、参加一场重要比赛、跟心仪的对象聊天，在这些活动中人不由自主地就集中了注意力。

哈佛大学医学院的兼职助理教授，同时也是训练师和企业家的史里尼·皮莱（Srini Pillay）在《哈佛商业评论》网站发表了一篇名为 Your Brain Can Only Take So Much Focus（《你的大脑只有这么多注意力》）的文章。这篇文章是个近期的研究综述。研究表明，注意力也是一个有限的资源。当你集中注意力的时候，你就在消耗有关注意力的脑回路——你可以把注意力想象成一种能量。注意力要是耗光了，你就会变得容易冲动，不愿意帮助别人，不愿意跟人合作，也不能做出正确决策。

所以注意力需要"养"。这使我想起古人说的所谓"闭目养神"，也许注意力就是这个"神"。

可是养神怎么养呢？我们每时每刻都在想事情，想停都停不下来，那什么叫"不集中注意力"呢？这就引出一个重要概念——"默认模式网络"（default mode network）。

如果你查看一下电脑的运行情况，就会发现，只要不是正在做什么特别大的计算，电脑的 CPU 并不是满负荷运转，可能 90% 以上的计算能力都处在闲置状态。

这个闲置状态的概念，也可以类比于人脑。让你算一道题，做一件需要集中注意力的事情，你会感到有点累，这就是大脑处在某种任务状态。如果当前没有任何任务，什么事情都不用做，就可以认为大脑处在闲置状态，这就是"默认模式网络"。

但是人的大脑毕竟跟 CPU 不同，大脑的确一刻都不停息，就算现在没有任何特定任务，我们也在胡思乱想。比如回顾一下过去，畅想一下未来，今天晚上吃什么，明天玩什么，等等。所以就算处在默认模式网络，大脑也要消耗全身 20% 的能量。而做一项任务，我们只多消耗 5% 的能量。

据说，我们的大脑每天平均有 46.9% 的时间都处于默认模式网络。

现在有些汽车，即便是停车熄火的状态，有时候也会发出一些细微的声音，据说是车上的计算机正在对各个部件进行检测。人脑更是这样。现在科学家对默认模式网络有了很多了解。在这个状态中，大脑会重新发掘过去的记忆，在过去和未来之间畅想，并把不同的想法连接起来。

这种遥远的连接，就是我们前文说过的"发散思维"，这是创造力的来源！所以默认模式网络对人非常重要。而且还不仅仅是创造力，默认模式网络还能让我们获得更强的自我意识，提升自己的"重要感"，同时还能使我们更理解别人，有利于跟人合作。

这就是"不集中注意力"的好处。集中注意力相当于出去做事，默认模式网络则相当于回来盘点盘点、反思反思，两者显然都是必须的。所以当你心不在焉、胡思乱想的时候，千万不要有什么负罪感——这是一项有益身心的活动。

而且我们要主动开启这个默认模式网络。请注意，看电视看小说不算默认模式网络，因为在这种活动中你仍然在使用注意力。追剧、上网这些活动根本不算休息，只会让你更累。你必须不被任何外部信息吸引，纯粹是自己跟自己闲聊才好。

所以你不见得连吃饭散步的时候也必须戴个耳

机听有声书，留点时间给默认模式网络吧。

另外，在默认模式网络状态下想一些特别负面的东西，越想越生气，也不好。那怎么"养神"最好呢？皮莱提出了三个办法。

第一个办法是"积极的建设性的白日梦"（positive constructive daydreaming，简称 PCD）。PCD 这个概念不是皮莱拍脑袋的发明，这是一个现在科学家们形成了共识的概念。科学家们认为，就算是胡思乱想也要有个原则和指引，如果能进入 PCD 状态，那你就能让大脑迅速恢复能量，增加创造力，甚至还能增加领导力。

首先，你要找个不需要费力的事情做。比如织毛衣、摆弄花草、散步之类的活动，目的是让大脑放松下来，进入默认模式网络。

其次，你不要想那些负面的东西，主动想点好事儿——好玩的事儿、在树林里穿梭、在游艇上躺着，或者纯粹是白日做梦，想想你期待的一个事情。

PCD 是一种积极正面的默认模式网络，心理学家用餐具打了比方。注意力，就好像是叉子，你可以精确地选取某个想法。而 PCD，就好像一把勺子或者一双筷子。作为勺子，它可以给你带来一大堆过去的美好回忆，甚至是遥远的回忆；作为筷子，它可以把两个遥远的想法连接起来，带来创造力。经常进入 PCD 状态，你就能获得更强的自我认同感，你的领导力也会随之提升。

第二个办法是小睡片刻。有研究表明打个 10 分钟的盹儿就能让人的精力更充沛，而你如果想要获得增强的创造力，可以小睡 90 分钟。

第三个办法是假装自己是别人。这是当你有问题解决不了的时候用的办法。比如文科生可以暂时假装自己是个理科生，换个视角，胡思乱想一番，看看有没有新思路。

通过前文的内容，你有没有一个这样的感觉：大脑就好像一辆汽车要换挡一样，需要在各种不同状态中切换。

据此我有一个观点：善于用脑的人，第一，他的状态切换会更主动、更自由；第二，他能达到的状态比别人多。

这就好像我们玩《魔兽世界》游戏，比如"战士"这个职业有三种姿态:"防御姿态""战斗姿态""狂暴姿态"。干不同的事儿,要切换到不同的姿态才行。而且"狂暴姿态"还必须得升到30级以后才能掌握。

也许将来脑科学进一步发展,可以提供一本《大脑使用说明书》,或者把它称为《大脑升级指南》,详细列举大脑都有哪些状态,怎样练习才能"解锁"高级的状态。也许练习大脑就像武侠小说里练"内功"一样,功夫升级到每个新的高度都有新的境界。

不过就算是现有的这些状态也够我们练习和追求的了!该集中就集中,该 PCD 就 PCD,想进入心流就能心流,其疾如风,其徐如林,侵略如火,不动如山!这岂不是大脑的真正自由吗?

创造的脚手架

这一篇我想探讨一个可操作又比较高级的创新方法。我经常说所谓创造就是"想法的连接",这一篇我要说的这种连接,就比简单的"山寨"高级得多,但是又不像各种突发奇想的神来之笔那样难以操作。这个方法其实被创新者在各个地方大量使用,是他们日常都在干的事情,但是外行一般看不出来。

这个方法的特点是直接借鉴同行作品,但是不直接使用。

　　我向你推荐一部奇幻小说——《西游记》……
当然我推荐的是一个阅读《西游记》的新视角。我
们小时候作为中国文学作品的外行，读《西游记》
总觉得这些故事实在匪夷所思，真不知道吴承恩是
怎么想出来的！长大以后看到有无数的作品在模仿
《西游记》，就更觉得还是吴承恩厉害。可是吴承恩
的奇妙想象都是从哪来的呢？

　　现代学者认为《西游记》并不是吴承恩一个人
的作品，不过这不是重点。重点在于，《西游记》
里的很多故事并不是作者拍脑袋想出来的。以前我
读过一本叫《唐朝的黑夜》的书，作者是魏风华，
这本书中就提到，《西游记》中的一些故事可以在
唐人笔记《酉阳杂俎》中找到原型。

　　比如孙悟空在车迟国跟虎力大仙斗法，自己的
头被砍下来也没事的情节，就取材于《酉阳杂俎》
中一个名为"难陀"的印度僧人的故事。而斗法这
个情节本身，也很可能来自书中唐朝道士罗公远和
密宗大师不空和尚在唐玄宗面前斗法的故事。

　　《酉阳杂俎》里甚至还有一个关于蜘蛛精的故
事。说有个叫苏湛的人，被蜘蛛精迷惑，他的妻子

和仆人去救他的时候，发现有个巨大的黑蜘蛛用网把苏湛给绑起来了，仆人就用利刃割断了蜘蛛网……这不就是《西游记》里的盘丝洞吗？

关于吴承恩写《西游记》的灵感来源，南京财经大学的石钟扬教授曾经进行过系统的考证，证明他的很多素材来自《禹鼎志》《玄怪录》和《酉阳杂俎》这些传奇笔记。[1] 其实吴承恩自己也承认这一点，他在《禹鼎志序》一文中就曾经说过："余幼年即好奇闻，在童子社学时，每偷市野言稗史……"他从小就整天读野史和奇闻。

所以像《西游记》这样博大精深的传世之作，绝不是一两个作家坐在家里头脑风暴就能写出来的。吴承恩通读了各种传奇笔记，融合了佛教和道教的哲学，映射了官场政治，把这些综合在一起，才构建出一个庞大的神话体系。我怀疑他的写作方法是先布局好这个体系，再安排大闹天宫和取经故事。

《哈利·波特》《指环王》《冰与火之歌》，其实也都是这样。作家深入研究了历史上真实的战争和宫廷政治，把这些东西和传统神话综合在一起，换成别的时间、地点、人物甚至人种，新故事的素材就出来了。

所以创造的基本技术是"借鉴"。乔布斯在1994年接受《连线》杂志采访，谈到了他对创造的理解[2]（以下是我翻译的）：

> 创造就是把东西连接起来。如果你问有创造力的人是怎么做出东西来的，他们会有一点负罪感，因为他们并没有真正"做"东西，他们只是能"看到"东西。一段时间之后怎么做就会变得非常明显。这是因为他们能把自己的经验和新东西综合起来。因为他们拥有比别人更多的经验，他们对自己的经验想得更多。

在这篇古老的访谈里，乔布斯讲了他对苹果电脑市场定位的设计思想，也是借鉴的结果。我们知道苹果电脑比基于 Windows 操作系统的 PC（个人电脑）贵得多，而计算性能也没有顶级配置的 PC 快，但是它的外观设计和用户体验特别好。这种在价格、速度和用户体验之间的权衡选择，其实是某个洗衣机教给乔布斯的。

乔布斯一家曾经花了很长时间调研市场，想买台好洗衣机。他们发现欧洲生产的洗衣机比美国货贵得多，而且洗衣服耗时更长，但是欧洲洗衣机的优点是用水少、洗出来的衣服更松软，洗涤剂残余小。换句话说，欧洲洗衣机对美国洗衣机，就是苹果电脑对那时基于 Windows 操作系统的 PC。乔布斯从欧洲洗衣机悟出的道理是用户体验比价格和速度更重要，而他悟出这个道理的过程是跟家人连续两周在晚餐餐桌上讨论欧洲洗衣机！

苹果的产品都有一种极简但又时尚的风格，好像有一种独特的内涵，那这是横空出世的天才发明吗？其实这种风格也是借鉴的。下图 3-6[3] 是 19 世纪 30 年代流行的烤面包机、钟表和汽车，你看感觉像不像苹果电脑？

图 3-6

当然苹果有很多高级的借鉴。有人考证苹果设计总监乔纳森·艾维（Jonathan Ive）借鉴过罗马尼亚雕塑家的作品，从糖果厂获得过灵感，还曾经为了获得设计轻薄型笔记本电脑 Macbook Air 的灵感向一位日本铸剑大师学习。

那你说是不是苹果这种借鉴特别厉害，所以苹果是个特别有荣誉感的创新企业呢？其实苹果也不介意直接借鉴同行，如果那也叫"借鉴"的话。2011 年苹果发布 iPad 2 的同时推出了一个可以覆盖在屏幕上的"smart cover"，有人说这个东西是借鉴了浴缸盖，是"来源于生活高于生活"。然而著名科技网 Engadget 第一时间就发现了一个更直接的借鉴来源[4]——Incase 公司设计的"可折叠封面"（Convertible Magazine Jacket），而且人家这个产品当初本来就是用来给平板电脑做外设的！（如图 3-7）

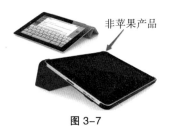

非苹果产品

图 3-7

所以我不知道当乔布斯说别人抄袭的时候，心里是不是也有一点负罪感。

由此可见，借鉴的水平有高有低，水平高的不容易看出来，水平低的让人看出来就有点尴尬。比如六小龄童主演的 1983 年版《西游记》电视剧，就被人看出来是借鉴了日本 1978 年的版本。日本版剧情比较荒唐，唐僧被改成了女的，在中国播了三集就停播了，但是日本版给中国 1983 年版带来了大量启发。当初 1983 年版一播给人一种伟大作品横空出世的感觉，其实它的很多人物造型、特技使用和镜头设计都有抄袭日本版的嫌疑。[5] 就像孙悟空跟如来佛打赌最后被压五行山这一段，连拍摄角度都跟日本版雷同。

但是这并不妨碍 1983 年版《西游记》被称为经典。其实要说抄袭的话，莎士比亚经常直接把同时期的小说家和诗人的作品拿过来加工一下变成自己的，借鉴水平还远远不如吴承恩。

创造是想法的连接，某些创造是同类想法的直接连接。那为什么我们经常意识不到这一点，为什么我们总觉得有些想法是横空出世的呢？

这是因为高明的发明人会故意不给别人留下他想法来源的线索。

这一篇的最后我们说一个数学家高斯的典故。高斯是公认的天才数学家，是祖师爷级别的人物，他做出了很多匪夷所思的工作，别的数学家能看懂他的证明，但是完全想不出高斯是怎样想到那些证明的。比如数学家阿贝尔（Abel）就曾经抱怨说，高斯"就好像走过沙子的狐狸，用尾巴抹去自己所有的脚印"。

而高斯对此的回答是，"一个自尊的建筑师不会在盖好的房子里留下脚手架"。如果我们能看到每一个发明背后的脚手架，也许这些发明就不会显得那么神奇了吧。

秘密项目

　　你知道前文提到的张益唐的其他故事吗？他是北大数学系毕业的，20世纪80年代到美国留学，跟的导师不是什么了不起的人物，两人关系也很一般。张益唐没能早早取得数学界的承认，找不到研究数学的好职位，只好一直漂泊。有时候经济状况紧张，他还会去餐馆客串当会计。

　　但是张益唐一直都在做自己的研究，而且是最高级的数学研究。那不是正式的工作，没有经费也没有报酬，没有人问他在做什么，但是他非得做。

终于有一天，张益唐完成了破解"孪生素数猜想"的关键一步，一鸣惊人。

在如今这个科研工作者越来越像木匠的时代，张益唐身上保持了古典式学者的气质，是个传奇中的孤胆英雄。

***

多年前的某一天，我听了张益唐的故事，心有所感，做了一个奇怪的梦。我梦见一个同事跟我说："每个人都有一个自己的秘密项目。我们白天上班做普通的研究，晚上回到家里做秘密研究。"同事给我描述了他的秘密项目，然后问我："你的秘密项目是什么？"我无法回答，惊醒了。

当时的我正在全力以赴，或者说几乎在全力以赴做物理研究。梦中的我想的是张益唐那样的秘密项目，那个我真没有。但是我醒来之后想到，其实我也有一个秘密项目，只是不像张益唐的那么厉害。我在写书，是一本跟物理专业研究毫无关系的书。

我想对你说的是，你也应该有个秘密项目。这种感觉很好。

平时该上班上班，自己私下干一件大事。这个项目不是普通的业余爱好，你非常严肃认真，每天都取得进展，达到很高的水平。

白天的你是一个身份，晚上的你还有另一个身份。没人真正了解你，只有你自己知道你在做的是什么……就好像地下党员一样，你说刺激不刺激。

***

那你可能会说，如果真是好项目，为啥非得秘密做呢？全职做不是更好？其实关键不是全职还是兼职，关键是你做这个项目时，要有一点"疏离感"。也就是说你不应该跟一大帮人在一起凑热闹，应该自己独立地干。

因为疏离感能激发创造性。

有一本叫《怪人：在局内人的世界里做一个局外人》（ *Weird: The Power of Being an Outsider in an Insider World* ）的书，作者是奥尔加·卡赞

（Olga Khazan）。卡赞从小跟着家里以移民的身份生活在美国，难以融入同学的"主流文化"，被视为怪人。但是她发现，怪人其实也有优势。书中论述了做怪人的种种好处，我最感兴趣的，是怪人的创造性。

这本书所谓的怪人，就是没有融入集体的人。用王小波的话说就是"特立独行"的人。而有研究发现，不融入集体，能刺激一个人的特立独行。

书中讲到，约翰·霍普金斯大学商学院的莎朗·金（Sharon Kim）有个实验是这样的：召集一帮受试者来做那种测试"创造性思维"的题，比如说能不能发现词汇之间的有趣联系，以及让你画一个非常不同于地球人长相的外星人，你怎么画。

实验中，有的受试者是来了就开始做题；而有的受试者，被给了一个"你被孤立起来了"的心理暗示——实验人员会特意告诉这后一种人："我们有个组，别人都进组了，但是名额有限所以你不是组的成员，你自己做。"而事实上，根本就没有什么组。

结果那些获得孤立心理暗示的人，发挥了更大的创造性。他们的词汇题分数更高不说，画外星人更是放飞了自我。普通受试者画的外星人大都没有脱离经典的"火星人"卡通形象，而"孤立者"却能大胆想象：他们会让外星人的胳膊腿什么的都长在身体的同一边，让眼睛长在鼻子下面。

孤立，能让你更大胆地思考。

***

卡赞引用了一些统计，说明创造力强的人物，常常是有点疏离感的人。比如艺术家和作家，小时候常常都是被视为有点怪、有点特殊的孩子。跟普通建筑师相比，最有创造性的建筑师小时候常常是经常跟着父母搬家的孩子，他们在还没熟悉一个地方的时候就搬到了另一个地方，内心永远都觉得自己是所在街区的外来者。

像这样的例子我也可以补充几个。你也许知道量子力学的奠基者之一保罗·狄拉克（Paul Dirac）不爱热闹，但是你未必知道他为什么是这样的：狄拉克的童年很不幸福。

狄拉克出生在英国，但是他的父母都是瑞士人，是后来移民去的英国。狄拉克的父亲是个法语老师，要求孩子们在家里只能说法语。狄拉克不喜欢这个规定，他认为自己无法用法语表达想说的话，于是他干脆就不说话。狄拉克就是在这种高压家庭中长大的，他的哥哥甚至自杀了。而他哥哥自杀之后，狄拉克看到父母很伤心，才知道父母原来是爱孩子的。

爱因斯坦就更不用说了，不但从小跟社会疏离，而且成为物理学家之后也跟整个物理学界疏离。杨振宁形容爱因斯坦是个"孤持"（apartness）的人，说这正是他做出伟大发现的一个必要条件。

你体会一下"孤持"这个词。它跟"孤独"不一样，孤独可以是被动的，我喜欢热闹但是没人理我，我很孤独。孤持则有一分主动的意味——孤独，但是我坚持如此。

***

为什么孤持的人创造力强呢？卡赞引用一些研

究说明，这是因为"外来者"这个心态，能给人带来不一样的视角。

比如说那些在一个国家出生，然后到另一个国家长大的孩子，因为从小接触两种不同的文化，创造力就更强。你别看他们可能连当地语言都说得磕磕巴巴，更不知道当地最流行的通俗文化，但是他们更善于理解复杂问题，更善于处理互相矛盾的信息，而且更善于应对不确定性。

创造是想法的连接，创造性活动本质上是一个混圈子的事情。而越遥远的连接，往往越有意思。

外来者能提供一些来自边缘的连接。他们可能不太擅长"融入"圈子，但是他们能帮着扩大圈子。爱因斯坦出生在德国，他最反感德国式的教育。狄拉克连逼他说法语的父亲都能对付，长大之后从工程专业转理论物理更是不在话下。爱因斯坦的第一份正经工作是在专利局当助理鉴定员，但是他私下在研究物理学。狄拉克上大学学的是电机工程，但是他最爱的科目是数学。

像这样的人常常能身体在这里，心思在别处；他们一边做着这个，一边想的是那个。

所以疏离的本质不是玩不好大家都在玩的东西，而是自己另有一套东西在玩。

但是你不能说专利局的工作和工程的学位耽误了爱因斯坦和狄拉克。事实上他们多次表示，那一段一心二用的经历对自己进行物理研究帮助很大，他们获得了独特的眼光。所以也许应该说专利局的工作是爱因斯坦的秘密项目，工程学位是狄拉克的秘密项目。

如果一个人处处跟人扎堆，哪里热闹就去哪里，有什么新闻热点他全知道，有什么时髦的事情他必定跟进，这样的人日子会过得很有意思，因为他代表所在圈子的水平，但是他不能给这个圈子贡献新东西。

如果一个人把所有时间都花在微博上，你不能指望他给微博贡献什么新的内容。我们最欢迎的是那些能从微博之外弄来东西的人。同样的道理，得到 App 老师的学问不是从得到 App 得来的。

所以哪怕你的主业就是你最感兴趣的工作，你也应该在主业之外再弄个秘密项目。那个项目至少能让你吸收圈外的营养。

***

有时候仅仅做个孤独者，干脆不怎么跟人交流，也能提高创造力。我在一篇叫《孤岛生产的天才》[1]的文章中，介绍过一个创新理论叫"基因漂变"（genetic drift）[2]。有时候因为交流少，没有互相模仿，反而多样性更高。

以此说来，张益唐没当全职数学家反而可能还是个好事儿。他不用担心科研经费，不用跟风发论文，不用找热门课题凑热闹，不用处处模仿别人。他自己单干，反而做了别人不敢做的课题，找到了别人想不到的解法。

所以秘密项目的另一个好处是，因为它是秘密的，你就不会跟那个圈子有太过密切的交流，你就能保留一些独创性。

看看朋友圈分享的热门文章都是啥样的，然后你写个类似的；看看市面上都有些什么产品，然后你弄个一样的，那种人没啥出息。

***

祝你找到自己的秘密项目。面对流行笑而不语，私下憋个大招。那也许是能让你完成致命一击的武器，也许是你最后的底牌。但更有可能，你一辈子都用不上它。

有这个项目在，你的感觉会很好。你再也不会感到孤独，创造者的知己一般都不在本乡本土：你跟远方的某些事物连接在一起。你比别人多了一重生活。你有一个难以与人言说的秘密。

借着这个意境，咱们来欣赏一首诗，清朝黄景仁的《癸巳除夕偶成》——

千家笑语漏迟迟，
忧患潜从物外知。
悄立市桥人不识，
一星如月看多时。

创作者的悖论

电影《流浪地球》一度特别火爆，电视剧《权力的游戏》也曾再一次引发热议，不知道这些场面是否让你心有所动，也想成为像刘慈欣和乔治·R. R. 马丁（George Raymond Richard Martin）那样的作家。

写小说不是我的专长，但是我想跟你说说"创作"的事儿。我没写过小说，可是我知道好小说有多难写。进行创作有很多方法、技术、知识和套路，那些"术"你以后可以慢慢学——这一篇文章，咱们专门说说创作的"道"。

先假想，有一天，你终于成为了一个成功的小说家。请问在下面两个对未来的你的描述之中，最能激励现在的你的，是哪一个？

第一个描述——

他写小说是半路出家。最初是一边工作一边写作，每天都很辛苦，但是他咬牙坚持下来了。他的家人给了他坚定的支持。他的第一部作品并不成功，但是他没有气馁。他潜心研究了刘慈欣、J.K. 罗琳（J. K. Rowling）和乔治·R.R. 马丁的写法，他把西方流行文学的技巧和中国元素巧妙结合在一起，终于得到了读者的认可。他的第二部作品得了雨果奖。他的第三部作品登上了畅销书排行榜，刚刚被优酷和 Netflix 买走了改编权。粉丝们正在翘首以待他传说中的第四部作品。

第二个描述——

他出手之前，中国的流行文化是家庭伦理剧、宫斗、权斗、霸道总裁、流量鲜肉和对西方科幻、奇幻小说的拙劣模仿。他开创了一个新的小说类型和自己的幻想宇宙。他笔下有很多我们见所未见的

人物形象，他的行文风格独树一帜，连他鼓吹的价
值观都令人感到惊奇。

***

如果第一个描述更能激励你，我很抱歉，你不
适合从事创作工作。我建议你选个靠谱点的职业，
好好挣钱养家，把孩子教育好。如果你喜欢小说，
你可以作为读者享受小说。也许你的子孙后代中会
有人有创作资质，而你的任务是保留他出现的可能
性，给他做一点物质条件之类的准备。

你要说人人都可能发财，我完全赞同。但有人
说人人都能当作家，我完全不同意。这个世界不需
要写作目标是取得第一个描述里那些成就的作家。

以前有一种土味儿的民间故事，说某人从小家
里穷经常受人欺负，还跟县里的财主有夺妻之恨，
于是他头悬梁锥刺股发奋读书，终于考上状元当了
大官，不但报了仇还娶了当朝宰相的女儿……如果
这种故事能激励你，我求求你千万别当大官。我们
中国不需要这样的大官……我估计宰相也不需要这

样的女婿。

历史上真正当官当出水平的那些人，都不是为了娶宰相女儿，也不是为了给父母争气去当官的。他当官是要施展自己的理念。

创作的最大回报，就是施展了自己的理念。

前面第一种描述中的那些成就，叫做"外部激励"，是别人对你的认可。第二种描述说的，则是"内部激励"，是你自己对自己的内在要求。外部激励对很多简单的、普通的工作非常有效，但是进行创作，不是简单工作。

有两本讲创作之"道"的新书，一本叫《唯一的观众》(*An Audience of One*)[1]，一本叫《热爱的悖论》(*The Passion Paradox*)[2]，这两本书都认为，你要真想搞好创作，就必须依赖内部驱动。

***

为什么外部激励不行呢？从需求侧的角度来说，进行创作，并不是一个向着一个方向拼命使劲就能成功的项目。创作是个悖论。

这个悖论是，你要是一味地迎合市场，反而得不到市场；你要是不管别人怎么评价、就做自己，反而可能引领市场。

请允许我打一个粗俗的比方，这就如同现在流行的说法"舔狗"和"女神"。舔狗卑躬屈膝连人格都不要了去追求女神，可是女神根本都不正眼看他，最多也就拿他当个备胎。而女神那个让她又爱又恨的男友，可是一直都保留了尊严。

让人又爱又恨的乔治·R.R. 马丁，是舔狗还是男友？

这个道理是喜欢 = 熟悉 + 意外，女神要的不仅仅是暖男，你还得能给 surprise 才行。外部激励能让你在"熟悉"这个项目上把一切都做"对"，但是提供不了意外。因为当你为了别人给的荣誉而把一切都做对的时候，你就已经丧失了个人荣誉感。

刘慈欣写科幻小说的年代，中国的排行榜上并没有科幻小说。乔治·R.R. 马丁之前的主流奇幻小说都是 PG-13（由于影片包含部分家长可能认为不适合 13 岁以下观看的内容，因此建议家长需特别注意）的，从来没有过动不动就把主要角色残忍地弄死这种写法。J.K. 罗琳并不是做了一大堆市场调研之后构思的哈利·波特。你们爱看不看，他们想写就写。

***

而从供给侧的角度来说，外部驱动会让你陷入疲于奔命的状态。当我们赢得某种奖励的时候，我们的大脑会释放多巴胺，这能给我们带来快乐的感觉。但是这个感觉有两个不好的地方。

一个是它非常短暂。每次胜利带来的幸福感都是暂时的，你很快就会渴望下一次胜利，你永远都别想"从此过上了幸福的生活"。

另一个是，你会想要不断加大剂量。没钱的时候觉得百万富翁就挺好，真成了百万富翁你又会羡慕千万富翁……你享受多巴胺刺激的阈值会越来越高，你永远都不会满足。

这两个效应跟吸毒好像没啥区别。罗伯特·赖特（Robert Wright）的《为什么佛学是真的》

（*Why Buddhism is True*）这本书中表示，这其实是演化给我们的设定，目的是激励我们永远这么奋斗下去。这个不满足，其实就是"苦"，就是dukkha[3]。

永远这么奋斗下去是真苦啊。你会过量工作，你会抱怨工作和生活的不平衡，你会身心俱疲。

更大的烦恼在于，你这么努力奋斗，而奋斗的结果却是你不可控的。有个作家其实根本就不会写小说，可是他的书突然就火了。你兢兢业业扎扎实实地写了一部得意之作，居然无人问津。然后转眼一看那个作家又出了一个小说，更火了。

其实谁也不知道女神到底是怎么想的。失败会让你强迫自己更努力地工作，然后你会非常害怕下一次失败。《热爱的悖论》这本书考证，所谓"热爱"（passion），这个词在西方世界最早的意思，就是这种不正当的、自找苦吃的爱。

***

把创作单纯当做兴趣爱好其实也不行。爱好的问题在于它很脆弱。第一次打牌赢了的人可能会继续打牌，那要是输了呢？

创作事业对你真正的考验在于，如果作品失败了，你怎么办。只为爱好、用玩票心态创作的人，会在失败的时候轻易放弃。而轻易放弃的人做不成任何大事。

你必须有韧劲坚持下去。你还得有充分的耐心，花大量时间去做一些非常繁杂、看上去一点都不好玩的事情。

那这个创作之"道"，到底是什么样的态度呢？

***

《唯一的观众》这本书的建议是，你创作，应该是为了满足自己——这个唯一的观众。不要问别人喜不喜欢，应该问自己喜不喜欢。

创作，最大的回报，是你有一个设想，然后你亲手把这个设想给实现了。

我听说，J.K. 罗琳当初写《哈利·波特》的缘起是这样的。罗琳本来不是个小说家，她写过一些政论之类的文章，并不成功。有一天她坐火车的时候，突然想到了一个男孩在魔法学校的故事，就好像被闪电击中一样，那个故事奔涌着在她大脑里展现出来。罗琳意识到她必须把这个故事写出来，下了火车就赶紧找了个地方记录想法。剩下的就都是技术问题了。

《哈利·波特》第一部出来被拒稿十几次，我想罗琳没有多么在意。她想写，就写出来，自己满意就行。

追求这个回报，结果就是你完全可控的。

而创作的悖论是你不在乎市场，市场反而更有可能反应好。如果市场反应好，那对你来说最大的好消息，是你可以继续从事创作。

***

《热爱的悖论》则进一步用一个古希腊词——"eudaimonia"，来说明创作者应该追求什么。eudaimonia，特指一种特殊的幸福：是通过从事某一种有意义的活动，把自己的全部潜能都发挥出来。这可以说是终极的自我实现。

也许你身上真有某种创作天赋。带着这个天赋默默死去，那是很遗憾的事情；能把这个天赋充分发挥出来，那就很幸福。

我认为这个所谓充分发挥，应该包括给世界打上你的印记。你觉得世界只有现在这些作品还不够，还缺你的那一类，然后你真的把它创作出来了。

发挥永无止境，所以你不论成败都要持续地完善自己。这样你追求的不是外部给的结果，而是自我完善的过程。就算别人都不知道，只要你自己能感受到自己在完善，在变成更好的人，你也会感到充实。

而到底是不是正在完善，只有你说了算。这样创作对你来说就非常可控，你就不会陷入 dukkha。

***

所以我们真正应该羡慕刘慈欣的不是他的作品

卖了多少钱，而是他发明了"黑暗森林法则""降维打击"这些东西。我认为这两个思想，包括《流浪地球》的全部设定，都是错的，但是刘慈欣发挥出来了，我不服不行。

只有内部驱动的创作才值得赞美。你应该把创作本身当做目的，而不是当做取得别人奖励的手段。你说你考了状元得多少奖出多少书，你妈妈肯定很自豪，我们真不在乎。公共的注意力不是给你过小日子用的。

可是如果你有一个个性发挥，给世界提供一个新鲜的视野，我们会作为粉丝给你摇旗呐喊。

***

在真实世界里想要做点事，我们总是面对这样的悖论。

你越告诉自己要自然要无为，就越不像无为；你忘了自己，反而实现了无为。你越刻意追求心流，就越进不了心流；你专注于工作本身忘了什么心流不心流，恰恰就是心流状态。你要把爱马仕包包当做身份象征，爱马仕就担心你拉低他家的品牌形象；你对爱马仕不屑一顾，爱马仕就希望你背他家的包。

如果不是这样，世界岂不是太简单太直白太乏味了吗？

丧失人格不会追到女神，以我为主的个性发挥才是创作的源泉。

修炼你的文化自觉

　　我听单田芳的自传评书《言归正传》简直入了迷。书中有一段，说在特殊历史时期，单田芳因为受到迫害，不但不能说评书，连基本的生计和安全都成了问题，一家人颠沛流离。为了谋生，单田芳跟人学了一个制作"水泡花"的手艺，在街头贩卖。

　　当时的中国几乎没有任何文化娱乐，水泡花这个东西虽然简单，但卖得还挺好。别人一看老单家挣了钱，也想卖水泡花。单田芳一家都是热心肠，就把水泡花的制作技术传授给了几个朋友。殊不知同行是冤家，后来这些人跟单田芳家争夺同一个街口的水泡花市场，闹得很不愉快。

我听书听到这里非常感慨。单田芳出身于艺术世家，做的从来都是"鼓槌一响黄金万两"的事业，竟落得在这么一个低端行业打拼，还弄了一出教会徒弟饿死师傅的故事。

水泡花，别人一学就会，之后就能跟你竞争。而对比之下，单田芳的评书，则是一个高端的技艺，这表现在单田芳名满天下，一生收了十几个徒弟，竟然没有一个能取得可见的成就。

所以有条件的人安身立命，宁可下苦功夫也得掌握一门高端技艺。如果你指望一个需要严防死守的东西挣钱，那就不是真正的稀缺，你也不会有安全感。高端技艺都是像单田芳的评书艺术这样：没有秘密，明明白白把配方写成书别人也拿不走，甚至手把手地教都教不会。

像这样的功夫，至少有三个东西是别人拿不走的。一个是天赋，一个是刻意练习。而我这一篇想说的是另外一个东西——"文化自觉"。

***

19 世纪 80 年代，美国亚利桑那州有个录像带出租店，出租店的店员是一个叫泰德·萨兰多斯（Ted Sarandos）的青年。泰德家庭条件不好，父母无暇照顾他，他从小最大的乐趣是到奶奶家看电视，听奶奶讲明星们的八卦。正是因为太爱看电影，泰德辍学在录像带出租店打工。

亚利桑那州在美国算是边远地区，大约相当于中国的甘肃省。可是在这间录像带出租店里，却有一个绝对领先于时代的文化场面。

顾客们并不像在别的出租店一样自己挑了录像带走人。他们会排起很长的队伍，一个一个等着跟 18 岁的泰德说几句话。顾客会告诉泰德自己喜欢的电影。然后泰德会告诉他，如果你喜欢这几部片子，那你也应该喜欢这部片。

泰德，是 20 世纪 80 年代的电影推荐引擎。

***

这位泰德·萨兰多斯，是现在 Netflix 的首席内容官，是他领着 Netflix 制作原创剧，《怪奇物语》《女子监狱》这些得了艾美奖的片子就是泰德促成的项目。

泰德的故事来自一本 2018 年出版的书——*The Creative Curve*（《创造曲线》），作者是艾伦·甘尼特（Allen Gannett）。甘尼特采访了很多有创造力的人物、创业者，还有研究创造力和创业者的科学家。

甘尼特把泰德的这个本事，叫做"cultural awareness"，借用费孝通先生发明的一个名词，我们把它称为"文化自觉"。

文化自觉不是"品位"。品位是你自己喜欢什么东西；而文化自觉，是你知道现在别人都喜欢什么东西。品位能提升你的生活质量，而文化自觉能允许你从事一门创造性的事业。

泰德说当年那个录像带出租店对他来说既是电影学院又是 MBA 课程。他理解电影，理解导演和演员，而且他理解观众。他看一眼就知道什么东西是观众熟悉的，什么东西好，什么东西老套，什么东西是新的。他知道每个影视剧中的每个元素在潮流中的位置。

前文提过一个公式——"喜欢 = 熟悉 + 意外"。太新了，人们无法接受；太俗套，人们觉得没意思。泰德能把握住创造曲线上熟悉和意外的精妙尺度，他说："这个内容必须是一只脚站在熟悉，一只脚站在一个特别新鲜、未知和新颖的东西上。"

泰德看过那个出租店里所有的录像带。他至今每天至少要看 4 个小时的影视剧。文化自觉，是一个需要持续修炼的功夫。

***

文化自觉有两个用处。

第一个用处是"模式识别"。

甘尼特的书里介绍了一位专门研究创业者的心理学家——罗伯特·拜伦（Robert Baron）。拜伦教授最感兴趣的是那些连续创业连续取得成功的企业家是怎么识别好的商业机会的，拜伦得到的答案就是模式识别。

根据拜伦的理论，模式识别有两个境界。第一境界叫"提取原型"（prototype）。比如你要通过面试来录取一位优秀的程序员，所谓"原型"，就是你心目中，优秀的程序员应该有的特征。你可能要求优秀程序员必须掌握现在流行的几个编程语言，必须拥有前沿的知识，必须思路清晰、头脑缜密细致，必须有良好的编程习惯，善于跟人合作，能按时完成任务，等等。你可能还为此专门学习过《优秀程序员的十个习惯》《优秀程序员的七大特征》之类的文章。

但是这些菜谱和武功秘籍式的知识并不能让你得心应手。好东西的大部分特征都很难量化，你无从准确判断。特别是像投资者选项目，可能你小心翼翼、思考速度很慢，还经常判断错误。

但是，如果你积累足够多的经验，跟很多优秀的和不优秀的程序员合作过，见识过职场中各种各样的人物，参与过很多成功和失败的创业项目，你就会进入模式识别的第二境界。

第二境界叫"范例"（exemplar）。来了一位应聘者，你刚跟他聊了几句，就感觉他特别像你认识的一位优秀程序员。你立即就判断这人行，结果果然行。那个你认识的优秀程序员，就是你头脑中的一个范例。

你知道的范例越多，你的识别能力就越强，你的识别速度就越快，你会越来越依赖范例识别。在别人眼中，这是一位来自河北省的、很有特点的、有品位有个性的产品经理，而在你眼中，这位是"保定乔布斯"。

我理解范例识别有一些说不清道不明的东西，它属于"意会"，不像提取原型那样有明确的判断规则。比如 19 世纪 60 年代，美国有人认为某个电影是非法淫秽作品，要求禁映。官司打到最高法院，问题最后变成了到底怎么定义"淫秽"。美国最高法院一个大法官判定那部电影不是淫秽作品，而他给的理由很有意思——他说我也不知道怎么定义淫秽，但"我要是看到了我能看出来"（英文原话是"I know it when I see it"）。这句话现在已经成了"成语"。根据拜伦的理论，这位大法官得看过很多那种作品才能有那样的判断力。

成功的连续创业者判断一个项目好不好，用的就是范例。比如一个创业者偶然走进一家鲜花店，他发现鲜花卖得很贵，他马上想到，这不正好是互联网销售的机会吗？在网上卖东西的成功模式，不就是取消中间商，让生产者直接跟消费者交易吗？结果这就是一个有价值的机会。

文化自觉的第二个用处是给你发挥创造力积累资源。前文多次提到，所谓创造，就是"想法的连接"。把一个领域的某个元素借鉴到新的领域去，这就是创造。甘尼特在书中介绍了威斯康星大学研究者爱德华·鲍登（Edward Bowden）对这种创造性的连接的研究成果。

鲍登招募一批受试者做文字游戏的实验，同时观察他们大脑的变化。有时候受试者是通过逻辑推理解决问题，有时候则是通过创造性的"一闪念""啊哈"一声突然看到答案。

鲍登发现，这两种解决问题的方法，在大脑中的思考过程完全不同。逻辑推理解题没什么戏剧性。而在这个"啊哈"时刻发生之前的 0.3 秒，大脑会发出一个强烈的伽马波——研究者能精确判断受试者什么时候恍然大悟。不但如此，"啊哈"时刻还特别发生在大脑的右半球，这里面潜意识思维非常活跃。前文讲"发散思维"的时候说过类似的道理。

这也就是说，所谓的灵光乍现，其实是人脑在潜意识中，把距离比较远的两个东西建立了一个连接。因为之前的活动都是潜意识，当事人自己往往意识不到思维过程，还以为灵感都来得很神秘。

其实是你的头脑中已经储存了大量的素材资源，你才有可能建立这种连接。

***

我们的大脑在日常生活中通常并不怎么警觉。比如你到餐馆吃饭，可能一直到吃完离开，都不曾注意过自己坐的椅子是什么样。但是由于进化，大脑对两种东西特别敏感，因为这两种东西直接关乎我们的安全，关乎我们得到奖励的机会。

一个是熟悉。如果餐馆的椅子跟你家饭桌用的椅子一模一样，你肯定就能注意到。再比如你跟很多人在一个大厅里聊天，本来你不会注意旁边的人群在聊什么，但是如果其中有人提到你的名字，你就很容易注意到。

另一个是新。如果餐馆的椅子特别与众不同，你从来没见过那样奇怪的椅子，你肯定也能注意到。

熟悉和意外。熟悉得特别熟悉，意外得非常意外，才能让人印象深刻。**拥有了文化自觉，你才能对熟悉和意外有更高的敏感度。**

***

甘尼特采访了大量以创造力闻名的人物，他总结了一个原则：20%。甘尼特说，为了建立和保持文化自觉，你必须每天用 20% 的醒着的时间吸收自己领域的东西。

如果你每天睡五六个小时，这就意味着你要用差不多四个小时做吸收。甘尼特采访的那些创造力人物全都是这样。如果你是作家，你要用四个小时读别人写的新小说。如果你是厨师,你要用四个小时研究现在有什么新菜,到各个餐馆试吃,参加各种美食节。设计师、音乐家、网络主播……一切需要创造的工作,都需要用 20% 的醒着的时间吸收。

每天 20%,不练你就跟不上时代的文化自觉。那你说现代人每天都看四个小时的影视剧,是不是每个人都适合从事影视创作呢?当然不是。修炼文化自觉得是有意为之,不是看自己喜欢的东西,得什么都看、了解现在有的一切东西,了解别人喜欢什么。

我们可以借用“刻意练习”这个词,把文化自觉的修炼称为“刻意吸收”。

***

单田芳创作的新评书之多,在所有评书艺人之中可以说是首屈一指。但是我听他的自传,感觉他除了现场演出观察观众反应之外,并没有花很多时间刻意吸收别人的作品。这可能是因为评书行业仍然属于传统,还没有过渡到现代。毕竟中国文化市场的竞争激烈程度远远不及美国。

　　单田芳是老一辈人，可是他讲了很多新书。而我看现在有些年轻的评书艺人还在讲什么"雍正剑侠图"。他们如果能修炼一点文化自觉，就不会整天抱着祖师爷教的那点玩意儿不放了。

策略第四

"自学"的学问

物理学家史蒂芬·霍金（Stephen Hawking）的大学是在牛津上的，他 17 岁入学，只用了三年就毕业了。牛津的教学跟一般的大学不太一样，并不是什么内容都在课堂上讲，经常是教授指定一本物理书中的一章，让学生回去自己学。我没听说过霍金对当初教他的老师有什么感激之词，但是他的两位老师对霍金印象深刻。[1]

派却克·沈德斯（Patrick Sanders）教授曾经要求霍金读一本讲统计物理学的书并且做习题。过了一周霍金来见他，没交习题作业，但是带来了"标出所有错误的那本书"。沈德斯教授说："我在那时候就很清楚，他对这课程比我了解得还多。"

不过霍金完成了罗伯·白曼（Rob Whiteman）教授给他布置的所有习题。而白曼教授对指导霍金的感想是，"我想我真正的作用只是监督他学习物理的进度。我不能自夸曾经教过他任何东西。"

当然，你不是霍金，我也不是。不过我想说的不是霍金有多聪明，而是他的学习态度和学习方法。

态度是以"我"为主，方法是自学。

① 自学是大势所趋

我认为我们对"自学"这种行为的看法需要改变。

传统上人们认为自学这种非组织的个人行为是对正规学习的补充，有点艰苦还有点悲壮，是个没有办法的办法。说某人是"自学成才"，就等于说他是个非科班出身的边缘人士，他的水平没有经过认证，也许只是个业余爱好者。

但那是以前。学习方法和学习媒介很有关系，学习媒介现在很自由。

在中国的竹简时代，书是一种特别贵的东西，别说自学，普通人想"上学"都没可能。贵族"诗书传家"，传的是真的书。

等到后来有了印刷术，普通人上私塾终于成为可能。但是因为经典都是对竹简时代路径依赖形成的文言文，没有高水平老师教肯定还是不行。

近代的书变得特别便宜，内容也都是简单的白话文，经过几年训练，水平一般的人也可以给孩子当老师，成建制的学校教育才得以开展。好几十个学生老老实实地坐在教室里听老师讲课，每个学校里老师讲的内容还都是一样的，这其实是大规模普及教育特有的模式。但是因为我们都是从小就这么学，我们以为学习就应该是这样的。但学习为啥非得这样呢？

以前的圣贤，像孔子和柏拉图带徒弟，用的可是你一句我一句对话式的教学方法。手把手教，随时给反馈，这才是最好的教学。像皇太子读书，那更是好几个老师教一个学生。高级教学的要点是以学生为主，而不是以老师为主。

现在人们对成建制批量学习这种做法的反思已经越来越多了。托德·罗斯（Todd Rose）的《平均的终结：如何在崇尚标准化的世界中胜出》（*The End of Average: How We Succeed in a World That Values Sameness*）这本书，就对标准化教育的逻辑做过一番计较。2018年美国还出了一本更激进的书，叫 *The Case against Education*（《对教育的指控》），作者乔治梅森大学的布莱恩·卡普兰（Bryan Caplan）教授甚至认为整个现代教育系统根本就是在浪费时间和金钱。

当然，要想都实施最理想的教育，让教育真正以学生为主，的确也不现实，我们没有那么多好老师。可是就算不能让老师以学生为主，最起码也应该让学生以自己为主才对。

以我之见，只要获取信息足够方便，学生本人足够自立，自学，就是最根本的学习方法。

现在是互联网时代，你基本上可以很容易地得到任何课题、任何难度和层次的任何一本书。而且你是一个足够自立的人。所以你应该以自学为主。

② 自学的好处

你有没有种感觉，一个人老老实实地坐在电视机前看节目，这个场景挺傻的。你完全可以一边吃饭一边看，可以一边跑步一边看，或者一边玩手机一边看，但要是"纯"看电视，你可能就太给那个节目面子了。

而反过来说，我读书的时候，就纯读书。哪怕读的是网络小说，我也从不一心二用。我认为这个根本区别不是内容不一样，而是形式不一样。

读书时，你可以自己控制节奏。简单的地方读快一点，复杂的思想就慢慢品味，没意思的可以马上跳过，读到后面想起前面来还可以返回去。阅读，是一种以我为主的变速运动。

而看电视却是"播放"，本质上是个被动的行为。就好像坐车一样，被动行为很容易让人睡着。

我希望将来脑机接口技术成熟了能允许人用意念控制视频的播放速度，就好像阅读和开车一样。现在的所谓倍速播放，或者用鼠标跳来跳去，非常麻烦。

那么课堂教学是什么呢？是没有快进键、不允许跳跃的视频播放。老师要求全班同学步调一致，而他的步调，是参照水平中等偏下的同学设定的。如果老师善于教学，还可以进行一些互动环节，或者讲讲自己对教学内容的独特理解，想办法让学生保持兴奋。而如果老师教学能力一般，那上课就如同听领导作报告一样——领导也是照着稿子念，而我们手里就拿着报告稿，搞这个仪式还有什么意思呢？

坚持 45 分钟全神贯注听讲是不正常的事情，课堂教学是一种压迫式的学习方法。我们对建制化学校教育的一切批评，什么学生害怕老师，学生没有创造性，学生有厌学情绪，高考一结束就把书全扔了，可能归根结底都是因为它是一个被动式的教育。

一个人要想过得幸福，必须对生活有一定的

控制感。自学最有控制感。

你自己决定学什么，自己选择学习材料，自己掌控学习节奏，自己把关学习成效。很多老师和家长都爱说把"要我学"变成"我要学"，殊不知只要是跟着体制走就一定是要我学，只有自学才是我要学。

现在美国有的大学进行了一些更倾向于自学的改革。比如基础物理课有这么上的：既然现在网络公开课那么多，就改成让学生自己回去通过看公开课或者读书的方式自学，在课堂上老师只领着学生做实验和做练习，起到一个答疑解惑的作用。

也许在这个时代，课堂教学就不应该是学校的主要作用了。学生们应该以自学为体，以学校为用。学校可以像霍金的老师那样，监督学习进度。学校需要组织考试，颁发毕业证书，提供一个能在社会上竞争的信号。学校还是一个让师生聚在一起切磋技艺、交流心得的地方，也许社交才是上学的主要功能。

自学不受地域、时间、金钱和年龄的限制。只要你心智成熟，就可以随时开始自学。

但是你得心智成熟。

③ 自学的准备条件

英文里称呼"自学者"有个很好听的词,叫"autodidact"。一个 autodidact 不是我们说的"自学成才"那种轻量级的自学者,而是能让人肃然起敬的智者。

想要自学,首先得会"自教"。选择什么样的教材?制订什么样的教学目标?你得有点自主能力才行。

美国教育家苏珊·克鲁格(Susan Kruger)提出了"成功教育金字塔"理论[2],认为学习这个活动本身,是教育金字塔塔尖上的行为。而要想成功学习,你必须先准备好金字塔下方的两个基座才行。这两个基座是自信心和自我管理能力。(如图4-1)

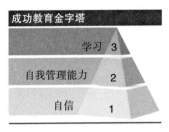

图 4-1

首先得有自信。人在面对威胁的时候会让身体和头脑都进入封闭状态，那是无法学习新东西的。你面对学习材料得有足够信心才行。

我认为这个自信心来自文本能力。有的人一看书就犯晕，有的人见到书却如鱼得水。也许从小读些小说之类的东西可以培养对文本信息的亲近感，不过学习类文本跟小说还是有本质区别的。给一本书，你得非常相信自己能从这里面得到想要的东西才行。

其次，你得有自我管理的能力。这些能力包括现代人很爱说的意志力、自控力、时间管理等能力，还包括组织、计划和安排自己的行动的能力，以及跟人交流的能力。

你想学某个东西，能不能自己调查一下用哪本书，把相关的材料都准备好，自己弄个文件夹组织所有的学习资料和练习内容，制订一个学习计划，安排好每天学习的时间段，最好还能把学习成果形成一份报告？你能不能养成良好的习惯，该学的时候就学，从不拖延呢？你能不能做自己的教练，经常考核自己的水平、监测自己的精神和身体状态呢？

这些都属于"软技能"。克鲁格引用研究说，对财富 500 强的 CEO 们的调查表明，他们 75% 的长期职业成功都来自软技能，而只有 25% 来自专业技术技能。

做好这些准备以后，才是真正的学习。

④ 自学的方法

纳西姆·塔勒布出身于黎巴嫩名门望族，祖父一代位高权重。他的父亲是黎巴嫩的全国高考状元，名字上过报纸。不过老塔勒布对自己的状元身份非常不以为然，因为他不是全班最有出息的学生。老塔勒布毕业于一所耶稣会精英高中。他们班的倒数第一名白手起家经商，成了全班最成功的人；另一个班里排名垫底的学生，去非洲倒卖木材，在 40 岁之前实现了财务自由，然后去做了历史学家。

老塔勒布感慨，对商人和学者这两个职业来说，实际地位跟状元之类的东西真没什么关系。所以老塔勒布没有送儿子进精英高中，他对儿子有更高的期待。他给了小塔勒布两个选择——要么就去搞钱，要么就去搞文化。

小塔勒布选择了文化。他认为学校里教的太窄也太浅，决定不再追求优异成绩，只花最小的力气取得学位。他把大量的时间用于自学，他每周阅读 30 到 60 个小时——跟一般人的日常工作时间差不多，而且专门读西方经典。先是文学，然后是数学和科学，然后是历史和哲学。

小塔勒布 18 岁移民美国，继续这种马拉松式的读书，而这并没耽误他拿到巴黎大学的本科学位和沃顿商学院的 MBA。在沃顿商学院，小塔勒布被概率和风险管理课程吸引，他感觉老师有些东西没讲明白。比如有些极端的"小概率"事件，用流行的"六西格玛"分析是不对的，可是他自己没有掌握更好的数学工具。于是他做了一个非常极端的决定。

他跑到书店，订购了几乎所有书名中包含"概率"和"随机"字样的书。他不上课、不看报纸也不看文学了，只读这些书。他用了 5 年时间专心研究随机现象。这段时间奠定了他一生的事业。他成了一个证券交易员，同时还在纽约大学有一个研究职位。因为他写的一本书，现在人们把极端的小概率事件称为"黑天鹅"。

纳西姆·塔勒布，是一个自学者。[3]

自学于文本

并不是所有人都适合自学。前文提到，自学需要自信心和自我管理两方面的准备。进入具体的自学方法，自学成败的关键，在于你是否善于处理文本信息。

文本能力是个基本功。就好像练武要练马步一样，需要用大量的阅读时间积累出来才行，而当初塔勒布练的可是童子功。最起码你面对文字得有一种亲切感，才谈得上后面的操作。我们可以把文本功夫分成三级。

第一级，是阅读一段文字，或者听一节课，你能不能抓住它的要点。

这是最基本的基本功。听起来并不难，但是请注意，这是一个非常主观的行为。你能看出来什么要点，取决于你脑子里已经有了什么东西和你当前的视角。有人读《红楼梦》读的是爱情，有人看的是政治，还有人看的是菜谱。其实看什么都可以，你能看出东西来，跟自己的东西发生连接，就算有功夫。

练习这个功夫的方法是记笔记。而在这一步，更简单的方法是使用所谓"康奈尔笔记法"。把一张纸分为左、右、下三栏，如图4-2所示——

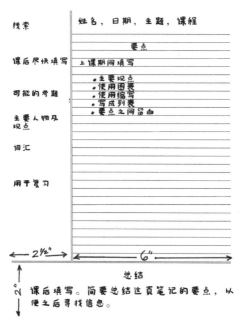

图 4-2

读书或者听课的时候在右边记下你看出来的"要点"，复习的时候在左边栏的相应位置写下"线索"，在下边栏中写下"总结"。注意一定要使用自己的语言，最好跟自己已经会的东西发生连接。

这个方法能帮你把信息变成长期记忆。要做到看见线索能想起来要点，看见总结能背出来线索。做到这一步，就算把一本书"从厚读到薄"了。

第二级，是有一个问题，你能不能从一堆书里找到答案。

一个问题要是用搜索引擎就能解决，那就太简单了。我们关注的是你在学业中自发地冒出来的大问题。比如你用一本中国出版的教科书学量子力学，公式和做题你都会了，但是你感觉自己没有搞清楚"不确定性原理"这个概念，那你怎么办？

你应该看看别的书是怎么讲的。别被课本限制住，只有那些建制派才在意课本。课本只是指向月亮的一根手指，我们追求的是月亮本身，多参考几根手指更容易定位。

有时候你会惊讶地发现，像"不确定性原理"这么基本的概念，不同的书讲法都不一样，而有的书明显讲错了！这能让你收获一股巨大的自信力！你的见识，超过了那个作者。

第三级，是建立自己的系统。

知识是个系统。而作为自学者，你的个人知识系统应该是具体的，也就是说你得把它写下来。你应该对每一个课题都准备一个笔记本，根据自己的思路划分章节和专题，用自己的语言整理好所有的要点、心得和应用技巧。

这个系统是你自己的，而你的关注点跟别人完全不同，所以没必要事无巨细地总结你认为没意思的知识点。不要平淡的废话，不要花哨的脑图，要字字见血直指人心。

但是这个系统得有一定的完备性。最好从学习一开始就有所规划，这门学问有哪些要点和问题，你要得到什么，相当于一个自己给自己的教学大纲。

完备性的好处是能让你发现系统的漏洞。就好像武侠小说里练武练到一定程度发现自己还有命门一样，你需要另外再想办法弥补。系统要不断地增长。

面对一个形成实体的系统，你会有一种强烈的成就感。我上大学的时候有好几个笔记本。为了准备 GRE 物理专项考试，我还弄了一个综合所有课程的复习要点手册。那个手册其实对别人没用，但我当时的成就感实在太强，以至于专门让校印刷厂把它装订成了一本小书的样子。

有了系统，你在文本意义上的学习就算差不多了。但是文本学习还远远不够。

自学于操作

我们学习并不是为了一讲话能说出个一二三四、ABCD，摆出个有学问的形象。我们学习是为了应用。你需要在实践中得到反馈。

自学，是以我为主的学习，而不是"自己一个人"学习。你需要找人切磋，参加一个什么测试甚至比赛，跟人过过招，才知道自己学得到底怎么样。

现在人们对网络公开课的一个诟病就在于它在反馈这方面不如线下。不过考虑到大多数人在学校里上课的时候也没有得到太多反馈，我倒是觉得为了网课的高效率而牺牲一点反馈机会是值得的。但是你仍然需要反馈。

而且你不需要等到实际工作才能获得反馈，你至少可以把自己的作品放在网上让人看看。像数学和编程这样的项目特别适合自学，因为会不会、做得对不对，你立即就能知道。习题答案和计算机运行结果就是给你的反馈。

我儿子上了个奥数班——在美国,各种奥数活动都是合法的。这个班每周只有一小时的课,老师留的作业也不多。但就是这样,还有些家长说孩子只是来享受数学,并不跟着参加比赛。我对此不太理解。

数学和编程不是文化欣赏项目。对于一个严肃的学习者,这些是训练项目。上课只是提供一个交流平台,可能还有点仪式感,真正的功夫都在自己的练习之中。你的信心和水平只能在每一次成功解题和程序成功运行中提高。

真正的程序员不可能去专门报个班学习一种新出的编程语言。我看程序员都是在实践中学习的,是先有一个需求,现用现学。传说在腾讯QQ——以前叫OICQ——刚刚兴起的时代,马化腾有一次突然想到需要有点网络安全管理,就让一个工程师设计一套安全系统。工程师的解决办法就是现用现学。过了几周马化腾去看他的进展,发现他正在阅读一本有关网络安全的教材的……第一章:"什么叫网络安全"。

现用现学听起来有点不靠谱,但这才是最原始的学习冲动和最实在的学习行为。我要用，我不会，那我就学呗。

科研中的常态是这样的。比如做这个研究，我们需要用到一个叫做 Matlab 的数学编程语言。你没用过 Matlab，这不是借口，而且我们等不了你去上 Matlab 网课。你要做的是上网找个最简单的教程现用现学，先把这个问题对付过去再说。

现在人们对 YouTube 和 B 站（哔哩哔哩网站）的一个用法，就是想干什么事儿却不会，就上去看看别人干这件事儿的视频。我就曾经跟着 YouTube 给厨房换了一个下水道搅拌机，还给汽车换了个门把手。

这种自学可以说是"自学于无形"——不需要什么仪式，没有那么多情绪波动，我们需要用啥就能学啥，学啥就能会啥。这岂不就等于说，没有我们不会的东西了吗？

而反过来说，大多数人学英语最大的问题恰恰是学而不用，把学英语变成了健身项目和行为艺术。

我有个朋友告诉了我一个离奇的故事。在清华大学，有一个美国留学生和一个韩国留学生相爱了。美国人不会说韩语，韩国人的英语也不行，结果这俩人居然对照着中文字典谈恋爱。我觉得这个故事能激励你在实践中自学。

从自学到精通

一个需要啥就能学啥，学啥就能会啥的人，必定是一个高自尊的人。他对生活有强烈的掌控感，无所畏惧，游刃有余，宠辱不惊。这个 autodidact 气质，比任何学历证书都更令人尊敬，比财务自由更令人羡慕。

终身学习是一种修行。一个 autodidact，修行的不仅仅某个具体的技能，更是人格的自我完善，是自身潜能的最大发挥，是 "eudaimonia"。

修行者都讲内部驱动，但我认为外部驱动也是不可少的。以我之见，自学者所应当追求的最高级外部驱动，叫做 "mastery"。这个词通常被翻译成 "精通"，但是它可不是一般意义上的精通。达到 mastery，意味着你对这个领域具有统治力。

纳西姆·塔勒布用 5 年时间拥有了对 "风险"

这个领域的统治力。现在全世界没人能跟塔勒布平等辩论有关风险的问题，连预测界头面人物纳特·西尔弗（Nate Silver）都不敢正面"较量"。[4]塔勒布说他坐飞机时最喜欢的娱乐是在 Twitter 上跟人论战，可是现在愿意跟他论战的人不多了，尤其是风险问题。

mastery 的境界，是哪个大学、哪个老师都教不出来的。自学是你唯一的途径。

学习的快功和慢功

这一篇的开头，我们先来思考一个问题。

从前有个年轻人叫小林，一心想要成为武林高手，前往名门正宗华山派拜师学艺。华山派正在开展教学改革实验，对新收弟子进行了随机分班，小林被分到了岳师父门下。小林学了一阵感觉师父教得很慢。岳师父总爱讲一大堆理论，还爱东拉西扯，甚至聊什么"武侠文化"；课程的针对性也不足，明明上午讲的是一个招式，下午考试考的却是另一个招式。而隔壁师叔带的那个班就进度良好，每次考试的成绩都比自己这个班高。特别是隔壁有个小师妹，据说还是岳师父的女儿，一招一式如行云流水般连贯，真是漂亮。

小林心怀怨恨，他认为岳师父不教真功夫。可是大师兄对他说："咱们这练的是慢功，隔壁是快功。快功进度快但是缺乏内涵，咱们慢功也许输了现在，可是一定能赢得未来。"

你觉得大师兄说的对吗？世界上真有这种输了现在赢得未来的功夫吗？

这个故事当然是我编的，但是它有坚实的研究基础，代表一个普遍的学习规律。2017 年，美国教育经济学家格雷格·邓肯（Greg Duncan）领导了一项大规模研究，专门提出了一个儿童早期教育的问题——"凋零效应"（fadeout effect）。

这个规律是如果你快速给学生灌输一些知识，的确能让他们迅速获得一个成绩优势——但是，这个优势总是保持不了多久就凋零了。别人终归也会学到那些知识，而你这边后劲不足。而且凋零效应不仅限于早教，所有的教育都有这个效应。

那这是为什么呢？研究者认为，这是因为能突击灌输的知识，都属于"封闭式"的技能，也就是说都是一些按照规定动作操作的流程。这种知识包教包会，但是缺乏累加作用，不能成为后面继续进步的基础。要想让人没那么容易赶上你，你需要掌握的是"开放式"的技能，这种技能能跟别的知识发生连接，有复利效应。

但是开放式的技能学得慢。这一篇要说四种真正有效的学习方法，它们的共同特点就是慢。你会意识到，输了现在赢得未来的功夫，才是真功夫。

① 哪种老师好？

美国空军学院是个很大的教学机构，每年会培养很多学员，教学严格而且非常系统化。学员都是军人，但是要学非常正规的高等数学以及科学和工程各方面的课程。所有这些课程的基础是两个学期的微积分，一个叫"微积分 I"，一个叫"微积分 II"。有经济学家专门对空军学院教微积分的方法做了一番研究。

空军学院先把学员随机分成几个班，每个班讲课的教授不同，但是考试题目和评分标准是完全一样的。而且上完"微积分 I"之后还会再随机分一次班，再上"微积分 II"。这个制度特别容易看出哪个老师教得好，哪个老师教得不好。

这些老师可以分成两类。第一类老师特别善于让学生考出好成绩。他把课程讲得很顺，知识点有板有眼，解题操作流程清清楚楚。学生完全知道自己在课堂上得到了什么，练习非常有针对性，考试的时候也充满信心。第一类老师教的是快功。

而第二类老师教的是慢功。他经常给学生们讲一些规定内容以外的东西，比如把微积分思想和物理学的知识联系起来。他希望学生对微积分有更深入的理解……而这些都不能直接用在考试上。学生听了课，回去做练习题，都得自己现场想办法解决，因为老师没有进行针对性的套路训练！可想而知，这些学生的考试成绩就不怎么好。

学生们给第二类老师的评分也不高。也许学生想的是我们都是军人，又不是想当数学家，你为什么不能把课程讲得顺溜一点呢？学生们普遍更喜欢第一类老师。

但是，经济学家用数据证明，喜欢给知识建立连接的第二类老师，教的才是真功夫。研究者关心的不是学生们在"微积分 I"中的考试成绩，而是他们是不是真的掌握了微积分。这体现在学生们在后续课程，比如"微积分 II"以及会用到微积分的科学和工程课程中的表现。结果非常明显，第一类老师教出来的学生在后续课程中遭遇了困难；而那些第二类老师教出来的学生，在后续课程中反而表现很好。

这个现象并不仅仅发生在空军学院。意大利的一个大学也做过类似的研究，研究者观察了 1200 个大学生，发现那些被学生评价不好、没有让学生考高分的大一课程的老师教出来的学生在后续的学习中反而表现更好。

有的老师教应试技巧，有的老师教真功夫……连学生都喜欢第一类老师，他们是不是已经忘了，学习的目的不仅仅是为了考试。

② 直接练和交替练

对有经验的老师来说，想要让学生学得又快又能在考试中取得好成绩是比较容易的。最好的办法就是直接练习：教一遍操作规则，然后马上用这个规则去做练习。

比如今天讲的是数学，那就分析一种题型，总结一个解题套路，讲完课马上让学生做 10 道相同题型的练习题。学生会做得非常得心应手，第二天马上测验这个题型，学生的成绩肯定好。

可是我们想想，真实生活中的问题是这样的吗？比如你今天下午会在工作中遇到一个难题，你能先在上午学学这方面的套路吗？不可能。问题都是猝不及防的，有的是你从来没见过的新题型，你需要的不仅仅是怎么操作哪一招，你先得能判断该用哪一招才行！

正确的练习方法是混合练习。每次练习中都应该是混合的题型，每做一道题都得临时判断该用哪个套路，这才有点学以致用的意思。

美国海军防空兵训练进行过一次研究。学员分成两组，第一组是直接分块练习，也就是先教一个套路，然后猛练这个套路。第二组是混合练习，每次练习都混着练，今天教的套路和今天练的套路很可能不一样。

可以想见，在每天进行的测验中，第一组的成绩总是比第二组好，因为他们所练即所学，所考即所练。但是在所有训练项目结束之后的结业大比武之中，因为问题都是新的，学员必须自己决定用哪一招，第二组则击溃了第一组。

这个道理有点反直觉，但是同时又符合直觉。把课程分成若干块，每次学什么就练什么，这难道不是最自然的学习方式吗？真不是。这是体制化。混合穿插训练才是最自然的学习方式。

甚至有研究发现，连练钢琴都应该使用混合方法。比如我们现在要学一个高级技巧：在 0.2 秒之内，用左手跨越 15 个琴键做一个动作。研究者规定每人可以回家练习 190 次。有的人这 190 次就只练这个动作，而有的人则是交叉练习了跨 8 个、12 个、15 个和 22 个琴键……测验结果发现，用混合练习的这组人的掌握程度明显更好。

有句格言叫"手里拿着锤子的人看什么东西都是钉子",其实说的就是那些只会演练自己那有数的几个套路而不知道变通的人。混合练习,每一次都现场判断该用哪一招,能帮你克服这个弱点。

建立连接和混合练习这两个方法都是教你如何活学活用,下面再说两个如何加深记忆力的方法。

❸ 测验和间隔

心理学家有个说法叫"有利的困难"(desirable difficulty),意思是说它看起来是个困难,但是你想要这个困难,因为它能让你深度学习。有困难,才是真学习。

要加深对新知识的记忆,一个办法是先测验后学。这个知识点你还没学过,上来就测验肯定很容易答错,但是这就对了,犯错能让你的印象更深。特别是如果你的自信心特别强,你越是相信那个是对的,结果发现它不对的时候,你的印象就越深,你就越容易记住这个知识。

另一个方法是有意识地设置时间间隔。这个我们前文讲过，不要追求在几天之内突击学完一个课程。你是可以做到，但学完之后你的印象不深。最好的办法是同时学几门课，今天学完这个，故意放一两天不学它——可以称之为"刻意不练习"，间隔一段时间之后再学。几天之后回来，当你提取这段记忆的时候，你会感到有点困难——有困难就对了，这就是我们想要的那个"有利的困难"。克服困难才能深度学习。

学习，真是一个有意思的活动啊。一说起来人人都知道逆境可以让人学会新东西，什么"吃一堑长一智"、什么"不经历风雨怎么见彩虹"，可是真要学习的时候，人们还是希望老师把所有内容都安排好，让你顺顺当当地考个好成绩。

殊不知"吃一堑长一智"这句话用在战略上是不可行的。一般人通常不会从自己的失败中吸取教训，我们都喜欢把失败归咎于别人……其实这句话应该用在战术上。你需要的是小失败、小挫折、小错误，你需要练习中的困境，你需要"有利的困难"。

2007 年，美国教育部进行了一次大规模的研究，调研了很多老师和学生，想弄清楚到底什么学习方法是真正有效的。结果经得起科学验证的方法只有这么几个：间隔、测验和建立连接。也就是这一篇讲的这些。

也许后发才能先至，也许慢功夫才是真功夫。也许练别的也是为了练这个，也许不练习也是为了练习。也许犯过错的人生才是真实的人生。

你想想这个原理是不是特别有意思。遭遇困难才是真的学习，这大约也是学习的门槛。因为有这个门槛，才能把行的人和不行的人分开。如果你是行的人，你会很高兴门槛是这样的。

有关学校教育的大实话

这一篇说个老话题，学校教育。有个研究证实了我长期以来一直有的一个想法——也许学校对学习没有直接的作用。

我是从 Aeon 上 2017 年 3 月份的一篇文章知道的这个研究，文章标题是 Why the Most Successful Students Have No Passion for School（《为什么最成功的学生对学校没有热情》），作者叫李知炫（Jihyun Lee），这是一个韩国名字，她现在是澳大利亚新南威尔大学教育学院的副教授。文章说的就是作者本人的研究。这个研究也是"国际学生能力评估计划"（Programme for International Student Assessment，简称 PISA）的成果。

PISA 用一套通用的试题，在多个国家对中学生进行测试，考试项目包括阅读、数学和科学。考试得分结果经常被媒体报道，人们把它当成各国学生水平的较量。不过 PISA 最主要的目的并不是给各国教育排名，而是进行教育研究！

考试之外还有一套问卷调查也要求学生完成，调查学生的学习习惯、学习态度，等等。PISA 要做的事情，就是寻找学生的学习成绩和问卷调查结果之间的关系。它的最高目标是想知道什么方法才是最好的学习方法，到底怎样才能培养更好的学生。PISA 项目提供了很大的数据库，研究者可以直接调用这些数据。

李知炫使用了 2015 年测试的数据，覆盖 72 个国家和地区，对象都是 15 岁的中学生（大概相当于初三或高一的学生）。李知炫关心的是学生对学校的观感和他的学习成绩之间的关系。PISA 问卷调查里，有这么一道选择题：

谈谈你对学校的印象

A. 学校对我将来毕业以后的成人生活没有起到任何准备作用；

B. 学校整个就是浪费时间；

C. 学校帮我获得做决定的信心；

D. 学校的确教给我将来工作有用的东西。

李知炫想看看学生给这道题的答案和他们的学习成绩有什么关系。她只需要做一些简单的统计分析。

常理设想，好学生应该热爱学校。他们每天上学充满热忱，对老师言听计从，对教材深信不疑，对教育体制满怀敬畏，学习成绩就应该更好。差生在学校充满挫折感，也许他对学校的印象就不那么好。

但是李知炫得到的结果是，学生的考试成绩和学生对学校的态度之间，没有任何关系。

很多好学生认为学校不起作用，纯属浪费时间，但他们的成绩就是那么好；很多差生认为学校很有用，充满感恩之情，可是他们的成绩还是那么差。你爱，或者不爱它，学校就在那里……而你还是你。

不管学生的家庭社会经济地位如何，是男是女，生活在发达国家还是发展中国家，这个结论不变。学生对学校的态度和他的学习成绩无关。

那什么跟学习成绩有关呢？李知炫使用 PISA 数据发现，对成绩影响最大的，是学生对自己的态度。对自己的能力评估强弱，焦虑感的大小，是否享受学习过程，这些因素对学习成绩有非常明显的影响。

当然，这个研究考察的只是学生对学校的主观印象。也许学校实际上有作用，但是学生以为学校不起作用。可是不论如何，学生对学校的这个主观印象也足以令人感慨。李知炫就想，如果这些好学生认为他们都是靠自己学习的，对学校如此不以为然，那他们长大以后作为公民，会不会也藐视国家的各个正规机构呢？如果人们对正规机构都有如此悲观的态度，那长此以往岂不是国将不国了吗？

从家长的角度看这个研究，如果学校对学习真的没什么用，那我们花很多钱买学区房，想各种办法把孩子送到好学校去还有意义吗？对此我有一点个人经验。

我儿子小学一年级是在本地的一个叫"旗杆小学"的学校上的。旗杆小学拿公立学校的经费但是独立办学，面向全市招生，有自己的教学大纲和教学方法。我注意到旗杆小学的教学有点像中国的学校，经常进行各种小测验，数学课和阅读课还把学生按能力分班，可以说是抓得很紧。我儿子很喜欢旗杆小学。

女儿出生我们就想换个大点的房子，我家现在所在的学区，有个小学叫"蓝山小学"，是个传统意义上的公立学校，招生范围仅限于自己学区。本地小学标准化考试成绩排名，蓝山小学排第一，旗杆小学排第二，而且差距还比较明显。我跟妻子一商量，就把儿子转到了蓝山小学。转学之前我们还跟蓝山小学的校长聊过，校长当然把自己的学校吹嘘了一番。

结果转过来之后，我们才发现，蓝山小学的教学实际上远远不如旗杆小学。每天上课的时间都比旗杆小学少一个小时，几乎没有什么测验，家庭作业如同儿戏，数学课的进度和难度也都低于旗杆小学。

那为什么蓝山小学学生的学习成绩还比旗杆小学好呢？

这可能恰恰说明，学生学习成绩好坏，跟学校的关系不大。蓝山小学之所以成绩好，是因为蓝山小学的家长厉害。这个学区的房子比较新也比较贵，在这里买房的人大都是在周边高科技公司工作的人，这些家长更重视子女的教育。像这样的地方不管办个什么学校，学生的成绩都差不了。

那学区房还有意义吗？也许有意义。也许好学区的学生素质更高，而你希望你的孩子有高素质的同学，毕竟同学之间互相影响可能比老师对学生的影响还大。但这也只是一个猜测，我并没看出来我儿子现在的同学比他在旗杆小学的同学素质高在哪里。

权衡来权衡去，我们发现蓝山小学最大的好处居然是它9点钟才上课，比别的学校都晚一小时，这对负责接送孩子，早上还爱睡懒觉的我来说实在太重要了。

从学生角度来看，任何学习的本质都是自学，老师再厉害也不能代替你思考问题。现代教育制度是一个老师面对几十个孩子，他不可能让每个孩子去刻意练习，别忘了刻意练习要求的是量身定做的针对性的训练。如果一个班级学生的水平高低不齐，老师想要提高全班平均分，最关注的其实是水平差的学生，他不在乎你能不能从 95 分变成 100 分，把差生从 60 提高到 80 分，效果更明显。

学校的最重要作用是提供了一个社区环境。就像前文提到过的，霍金当年大学时教过他物理的一个教授说："我想我真正的作用只是监督他学习物理的进度。我不能自夸曾经教过他任何东西。"

我看这个教授说的，就是学校的秘密。

学校对学习的作用是安排学习内容、监督学习进度、考核学习水平、交流学习心得。学校对社交的作用可能比学习的作用大多了。至于"学习"这个动作本身，那是你自己的事儿。

从人生哲学角度看，我们的确不应该对任何"正规机构"抱太大的希望。正规机构处理的是"平均人"，他们最在意的是统计数字，而不是你这个个人。人如果不能自立，把身家性命托付给一个外部机构，岂不是有点危险吗？

每条路都是少有人走的路

大概是我儿子 9 个月大的时候，我和妻子带他去医院做例行体检。身体检查之外，医生还做了一些测试，看他会不会爬，会不会翻身，和人交流的情况如何。我们还按要求填写了一份很长的问卷调查，内容都是关于孩子已经掌握哪些技能以及不会哪些技能。

医生做完测试，又看了我填写的问卷，面带微笑、非常友好地告诉我们一件事：你儿子的发育程度落后于平均水平。

我妻子情绪稳定，我非常震惊。一直以来我看儿子都是怎么看怎么好，比谁家的孩子都好，结果你居然说低于平均水平？不但如此，医生甚至还想派遣一名义务的社会工作者定期来家里给我儿子做训练！我当即拒绝了这个服务，我家孩子不是什么"救助对象"。

我们也没查阅资料，也没有进行什么特殊训练，我们只是单纯地对孩子有信心。我儿子现在一切正常，如果说有哪里不正常，那大概就是因为他数学突出，被学区贴了"有天赋学生"的标签，有专门的老师定期给他做高级数学训练。

那么问题来了，是否存在一个对所有孩子都适用的成长节奏，规定孩子就应该在几个月大的时候，掌握特定的几项技能？又该如何衡量一个孩子是否达标呢？

《平均的终结：如何在崇尚标准化的世界中胜出》这本书的作者，哈佛大学教育学教授托德·罗斯说，过去的医学界，的确相信在孩子的成长过程中，存在各种阶段性的里程碑。比如一个孩子从最开始学会爬，到最后学会走路，中间要经历一个固定的过程。从出生到直立行走，专家们还制订了一个进度表，中间包括在不同时期要掌握的不同爬行动作。

但在 1998 年，有一个不信邪的女科学家克伦·阿道夫（Karen Adolph）为了研究孩子到底是如何学会走路的，实地观察了 28 个孩子。这一次她没有采用平均值或者把所有孩子看作一个整体的做法。她把每个孩子都当做独立的个体，全程观察每个孩子的成长过程。

通过这 28 个孩子，她竟然总结出了 25 种从爬行到走路的成长模式。可以说每个小孩的过程都不同！有些小孩可能直接跳过爬行这一步，学会了走路；还有小孩在中途出现过退步的现象。但不论如何，最终所有的孩子都学会了走路，都走得一样好。阿道夫得出结论：所谓成长阶段，是没有科学根据的说法。

我的儿子和女儿学会走路的方式非常不同。中国有句话叫做"三翻六坐七滚八爬十二走"，我的两个孩子都没有遵从这个"定律"，但这不妨碍他们最后都学会了。

作为一个父亲，我可以非常负责地告诉即将为人父母的各位，每个孩子学会走路的方式都不同，根本没有什么固定路径。如果有医生告诉你，你家的孩子成长"不正常"，那只能说明这个医生的知识还停留在 1998 年之前，你应该提醒他去更新一下自己的知识。

如果连学走路这么一件简单的事情，每个孩子的成长过程都不一样，那么成年人的学习和工作成长，又怎么能一样呢？

过去我们都有个观念，学什么新东西，学得快就表示聪明，学得慢就是笨。而现在在心理学家看来，学习的快慢并不是一种"特性"，而与"情境"相关。有的人学这个快，学那个慢；有的人学这个慢，学那个快——你并不能从一个人学习某个特定东西的快慢来判断他的能力。

其实这就跟考驾照一样。我考驾照的时候表现非常出色，一次就完美通过，可我的实际开车技术并不好，在路上经常被别的司机按喇叭，有过两次追尾事故，多个超速罚单。有的人考驾照三番五次才过，但开车技术就很好。学习，是一个多样化的过程，并不存在一种所谓"正常"的学习轨道。

职场也是这样。在很多人心目中存在一个"标准的"职务升迁轨道—— 多少岁大学毕业，多少岁混到公司中层，在多少岁应该拿到什么职称。如果你是个工程师，很多人认为你应该在40岁，甚至30多岁的时候，华丽转身为一个管理者……这些说法都是胡扯。我看还不如说凡是按部就班这么一路走下来的，都是平庸之辈。最厉害的美国总统没有一个是中规中矩升上去的。

就连科学界都是如此。很多人以为要成为科学家，就得从小聪明，从好大学毕业，20多岁拿到博士学位，30多岁拿到教授职位。但是有人专门做过研究，发现成为一个成功的科学家，至少有7种不同的路线图！有55%的科学家的确是走了前面说的那个快速通道，但剩下的45%却路线各异——有的人做过好几期的博士后，有的人在科学界做了几年之后，因为经费不足被迫离开过学术界，甚至还失业在家一段时间，后来又重回学术界，这种情况甚至反复发生，但都阻挡不住他们在科研事业中取得成功。而且这些走了"弯路"的人，成就并不比那 55% 的人差。

每一条路，都是少有人走的路。我们总以为存在一个"标准"的路线，但凡偏离就是错误，这个认知是如此的根深蒂固，以至于科学家专门给它起了个名字，叫"标准偏误"（Normative Bias）。

我认为我们中国人思想中的"标准偏误"可能更严重一些。中国的城市人口非常密集，大量的人聚集在一起就容易发生互相模仿。更何况中国人比较热衷社交，文化比较合群，那么相比强调个人主义的欧美国家，可能就更容易出现模仿的现象。

比如每个中国的大学都有自己的 BBS，学生们可以在上面议论学校的各个方面，可是在号称言论自由的美国，就几乎没有哪个大学有这样的 BBS。

首先我认为这是好事儿，这说明中国互联网本质上就应该比美国发达，咱们中国人有非常可爱的性格。

但是这些 BBS 上，有一个非常有意思的现象——人们热衷于发布各式各样的攻略。我当年申请留学的时候，就从这些攻略中受益良多，包括什么时候考 GRE、什么时候考托福、怎么拿到申请表、推荐信怎么写……每一个步骤都非常详细，详细到你最后办理出国手续进行例行体检时，需要打几针预防针，上面都写得清清楚楚。

这就特别容易让人有标准偏误。如果有人未能按照攻略走，他就会感到非常不安！

既然美国大学都没有 BBS，海外中国留学人员就搞了个自己的 BBS——叫 MITBBS（但是跟麻省理工学院没关系），上面从军国大事到购车指南无所不谈。我有一次在这个 BBS 就看到一个帖子，简直不知道说什么好。

有人在走杰出人才通道申请绿卡，但是他不知道用什么方法邮寄申请表"比较好"，特意发帖求攻略：是该用联邦快递、UPS 快递还是普通邮政呢？然后很多人就结合自身经验给了一本正经的回答。我心里就想，这位大哥，你连邮寄个申请表都不敢自己做主，还好意思说自己是"杰出人才"？

不同的人走同样的路线，很大程度上是体制

批量生产，或者互相模仿的结果，这个现象并不"正常"。

不同的人走不同的路线，最后都实现了自己的目标，这才是真正的"正常"。无论招兵买马还是修炼自我，都祝你千姿百态，不拘一格。

两种技能增长曲线

经常有人想把青春献给物理学或者别的学问，让我给点儿建议。我不想说什么具体的战术，想介绍一个战略性角度的思维。

我要分享两篇并不新的文章。

一篇是戴维·布鲁克斯（David Brooks）2014年发表在《纽约时报》上的专栏文章，The Structures of Growth: Learning Is No Easy Task（《增长的结构：学习可不是简单任务》）。戴维·布鲁克斯是我最喜欢的作家之一，也是《纽约时报》上最值得看的专栏作家。

另一篇是斯科特·扬（Scott Young）在 2013 年发表的博客文章——Two Types of Growth（《两种增长类型》）。这位斯科特·扬并非无名之辈，他曾经用一年时间完成了麻省理工学院计算机系的四年本科课程，还出了一本书，而且这本书还被翻译成中文，名叫《如何高效学习：1 年完成 MIT4 年 33 门课程的整体性学习法》。

事实上布鲁克斯的专栏是受扬的启发而写的，两篇文章说的是同一件事：技能水平的成长，其实有两种不同的类型。

1 对数增长

一种是如图 4-3 所示的对数增长。这个技能初期的进步速度非常快，到后面越来越慢，最后几乎是一个平台期，哪怕你付出极大的努力，也只能获得一点儿小小的突破。

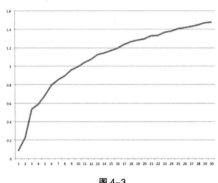

图 4-3

体育运动就是这样的情况。四年前，我有一次心血来潮，决定每天跑楼梯（我的办公室在物理系 9 层）健身，而且每天记录成绩，现在还存储在我的 Evernote 印象笔记软件里。最初需要 1 分 20 秒，两三天之后就达到 1 分 15 秒以内，两周不到就达到了 1 分钟之内，后来的最好成绩是 55 秒。

所以健身也好，减肥也好，最初一段时间的那种感觉真是特别愉快，进步神速！当然我比较懒，后来就不跑了。过了半年又跑了一次，成绩是 1 分 12 秒。也就是说，人的身体似乎能迅速适应一个新项目，但是如果你不坚持就会退步。

而对于顶级运动员来说，进步将会越来越难，到了职业水平，明星跟普通队员的差异就只有那么一点点。

学外语也是类似的情况。初期花不了多少时间，掌握几百个最基本的单词，就能获得一定的交流能力，但是要想达到各种场合下运用自如的本地人水平却是难上加难。

② 指数增长

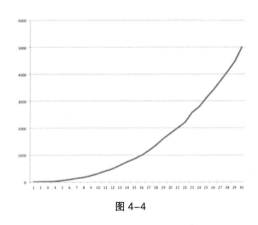

图 4-4

另一种是如图 4-4 所示的指数增长。从你开始做这件事情之后的很长一段时间内，几乎没有任何能让外人看出来的进步。一直到某个时候，你就好像突破了一个什么障碍一样，水平一下子就显现出来了，然后还越增长越快。

很多技术进步就是这样的。在研发的最初阶段有很多困难要克服，要么就是性能不佳，要么就是成本太高，要么就是市场不认，甚至根本看不到什么希望。慢慢摸索迭代，性能越来越好，成本越来越低，直到有一天被市场广泛接受，然后就是爆发式的增长。摩尔定律就是典型的指数增长。

企业的成长、个人财富的增长，乃至你写个博客点击量的增加，大体也都符合指数增长。这背后的原理当然是正反馈：你的钱越多、声望越高，进一步增长的机会也越大。

布鲁克斯在文章中还补充了几种其他的增长模式，比如阶梯式的增长——增长期、平台期、突破平台期、在一个更高的水平上继续增长……

但是，对数增长和指数增长这两种最基本的模式，已经能帮助我们理解很多事情了。

学术研究，比如搞物理学研究的技能是指数增长的。你需要经过很多年艰苦的训练，在这期间内你也许学会一大堆数学和物理知识，但是距离搞科研仍然很遥远。我还记得上大三的时候面对一篇物理论文根本看不懂的那种心情。你学了很多年物理，但是没有任何可见的痕迹。

一直到了研究生阶段，我也不知道怎么回事，突然之间发现自己几乎什么论文都能看懂了。然后就是突然自由了，可以自己搞研究写论文，而且觉得这些也不是什么难事儿。这时候，物理学的江湖上就多了这么一个会做研究的人。而没有经过前面那么多年不可见的努力的人，永远也到不了这个水平。

为什么有些人小时候走到哪里都被夸聪明，长大就不行了呢？因为他引以为傲的经历其实是对数增长。一个 2 岁的小孩会背诵唐诗，一个 3 岁的小孩能把圆周率背到 100 位，这种技能在家庭聚会上绝对是亮点节目，但是这些是没有什么上升空间的技能。各种棋类、武术这些经常被人当做业余爱好的项目也都是对数增长——打败身边朋友，赢得称赞很容易，成为职业选手非常难。这种项目的回报太容易，所以有些人一辈子都在回忆中学时代的成就。想要从对数增长的诅咒里突破出来，你必须学会主动脱离自己的舒适区。

指数增长最大的风险则是中途退出。有个笑话说，有一个人现在有一个鸡蛋，可以等它孵出小鸡，然后鸡生蛋蛋生鸡，最后他就有了一个养鸡场，打开通往财富之路，结果话还没说完鸡蛋打碎了。当然，这只是一个笑话，在现实中，绝大多数人都退出了，而且在绝大多数情况下退出是正确的选择。如果你非要选择这个指数增长的项目不可，你一定要有耐心和恒心，做好最困难的准备。

所以在选择任何技能之前，应该先考虑好它的增长模式，以及你能不能承受这个模式。

这个增长曲线的规律未必精确，但是非常有科学精神。最重要的一点，曲线是客观的！当你进展慢或者进展快的时候，你应该知道这与你个人其实没有太大关系，跟外部环境也没有太大关系，纯粹是由这个事业的自身规律决定的！

如果不理会这些规律，像我国传统文人那样面对暂时成败，就很容易犯两种错误。

一种错误是，一旦遇到进展迅速或者进展缓慢的情况，总想从个人或者环境上找原因，希望能找到功臣或替罪羊。前一阶段很辉煌，怎么现在没有新进步呢，是不是骄傲自满不努力了？为什么中国足球投入这么多钱还是不见起色？是不是中国人种不适合踢足球？

其实也许前者恰好是个对数曲线，巅峰已经不可避免地过去了，后者恰好是个指数曲线，希望就在眼前。

另一种错误是，个人对成败的反应过分情绪化。遇到对数曲线初期的成功就忘乎所以，遇到指数曲线初期的寂寞就心生悲壮，要么就自恋，要么就自怜。什么"人情冷暖"，什么"十年寒窗无人问，一举成名天下闻"，其实都是胡扯！你既然选择了这一行，就得按照这个技能增长曲线的规律走，所有情绪根本没意义。

哪种增长模式好呢？如果让我选的话，特别是对于家里条件还可以的人来说，我认为指数增长是最好的。初期不计回报地投入，坚持，坚持，再坚持，掌握一个门槛高的技能，坚持下来突破以后就自由了。其实搞学问，试炼高级技能，就算早期无人喝彩又有什么要紧的呢？胡适有句话说得好——怕什么真理无穷，进一寸有一寸的欢喜。

兵器第五

:W SCIENCE OF

ARNING FOR GENERALISTS

谈谈写作和研究

这一篇，我想谈一点学习、研究和写作的心得。先说一个概念，叫"当前科学理解"。

① "当前科学理解"

"求知"是个古老的话题。你遇到一个难题，或者看到一个社会现象不理解，或者单纯就是对什么问题好奇时，你应该怎么办？

传统的建议是你应该向老师请教，你应该读书，你还应该自己探索。求知的过程是漫长和永久的，你用一生的时间也探索不完。正所谓学无止境，求知，是一件上限可以无穷大的事情。

但是以我之见，我们现在已经有充分的条件可以给求知设定一个有实用价值的标准。这个标准是可以达到的，而且通常达到这个标准就意味着你的求知到这一步就足够了。

这个标准就是"当前科学理解"。这个词在中文世界很不常见，英文是"current scientific understanding"，在学术界说得比较多。

所谓当前科学理解，就是目前学术界对这个问题的认识是什么。

我们所处的世界并非是一盘散沙，各种知识不是胡乱地散落在民间，甚至可以说现在世界上已经形成了一个"权威机构"在"管理"所有的知识。这个机构就是"学术界"，也可以叫"科学共同体"，由所有的科学家和各个领域的研究者组成。

当然"权威"和"管理"这个说法有点刺耳。知识始终都在演化，谁也不敢保证今天的理解就绝对是正确的，也许明年就反转了。事实上对于很多很多问题，科学家并没有达成共识，有时候甚至都没有形成一个"主流"的意见。但这里权威和管理的意思不是用权力强制你相信，而是说学术界的认识是最靠谱的。

比如我们应该让一个 4 岁的孩子背很多唐诗，认很多字，学习加减法吗？脑科学家的看法是 6 岁以前的孩子最应该做的事情是玩儿，孩子要在玩耍的过程中学会怎么跟人打交道，各个东西都是干什么用的。那么求知的你，应该相信脑科学家的意见，而不是听邻居二大妈怎么说。

人的认知有各种各样的偏误，一般人的思想都会被偏见左右。战胜偏误获得真理的唯一办法是使用科学方法，而学术界的人整天做的就是这件事。

科学家看到的世界，比老百姓要真实得多。

老百姓对股票和投资有各种妄念，而科学理解是高收益的复利不可能长期增长，绝大多数个人都无法打败市场。

老百姓认为学习方法应该因人而异，而科学理解是不管你是谁，正确的学习方法只有一种。

心灵导师说想象正能量能让你成功，而科学理解是幻想一个好结果毫无用处，得想象做事的过程才有用。

励志偶像说世界上没有偶然的事情，只要努力必能成功，而科学理解是这个世界上有很多非常随机的事情，大部分创业者都失败了……

相对于老百姓的民间传说，科学理解常常"灭high"，也叫"祛魅"，能让你冷静下来。但是有时候科学理解比老百姓想的更有戏剧性，甚至更high更励志，比如——

宇宙空间居然是平的！而这意味着宇宙可能是无限大的；

快乐可以调控；

冥想居然真有用；

好运气可以管理；

梅西真的很厉害……

科学理解并不限于自然科学，现在什么东西都有人研究，正所谓"人生一切难题，（科学）知识给你答案"。学术界不是教堂，科学家之间总是互相质疑。但是他们不是毫无章法地争吵，他们争吵是为了建立共识，而且他们已经达成了很多共识。

当前科学理解，就是此时此刻，你关于这个问题所能得到的最好答案。

你不需要了解所有的技术细节，但是你起码可以知道科学理解在这个问题上的基本观点和立场。

知道了当前科学理解，你对这个问题就可以算是"知道"了。你就可以暂停探索，可以去做决定和采取行动了。你就有资格给别人解惑和提建议了。

② 学会做研究

那怎么才能得到当前科学理解呢？一般的方法当然都是问专家、上网搜索、读书，甚至查找学术论文。这些做法都对，但以我之见，你首先应该有一个正确的态度才行。

这个态度就是，你不是在"找答案"，你是在"做研究"。

做研究不一定非得是在实验室做实验，凡是用靠谱的方法寻找答案的过程，都叫做研究。

比如你要买辆车，但不知道买哪个好。如果你看同事开的沃尔沃不错就选择买沃尔沃，你就有点盲从了。你应该全面考察自己预算范围内的几个品牌，看看它们的大小、安全、操控、油耗各个方面是不是满足你的需求。你应该到权威网站看看这些品牌的质量评分。你应该现场试驾几辆车，获得直观感受。

这就是做研究——通过各种手段获取信息，然后以我为主，做出自己的判断。

雷·达里奥（Ray Dalio）在《原则》（*Principles*）这本书中讲过一个叫"synthesize"的概念，我们将其翻译成"综合调研"。有一次达里奥病了，他自己的医生说很可能是食道癌，必须立即手术。但是达里奥没有听风就是雨，他连续找了四位非常好的医生，最后得出结论是一场虚惊。

综合调研就是一种研究。但研究不仅仅是搜集信息，更要能做出判断才行。达里奥提出的原则叫"激进面对现实"，他愿意听取很多人的不同意见，而且他会对这些意见按照"可信度"进行加权。

你要寻找一个可信的共识。专家的书、学术期刊的论文、主流媒体的报道往往是比较可信的，你应该给这些来源比较大的加权。朋友圈瞎传的文章、晚报的健康指南、隔壁王大妈的亲身经历，就是不可信的。

有研究的意识，你就已经超过了大多数老百姓。知道什么信息来源可信什么不可信，你就已经是个靠谱的人。如果还能熟练掌握英文，善于网络搜索，你的研究水平就已经拿得出手。

但是要想出类拔萃，你还得有一个长期积累的功夫。这就是你得有一个大体上符合当前科学理解的世界观。

这个世界观不能指望每次遇到问题再做研究来积累，你得花大量的时间，没事也要主动读很多书，有正规的学习，甚至要有一些专门的训练才行。但这一切都是值得的。

有了这个世界观，你收获的就不仅仅是知识，更是高级的视角和认知工具。你会提出一般老百姓想都想不到的问题。别人只看见选举规则很复杂，你想到的是阿罗不可能定理和群体偏好悖论。别人只看见美国公司故意招一些少数族裔的人搞政治正确，你想到的是这些人有没有相同的价值观和多样性的方法论。

更高级的认知，是你知道当前学术界对这个问题有什么争论。别人只知道"棉花糖实验"，你却知道在特殊的家庭环境下，注重短期利益反而是一个有效的生存策略，而意志力到底是不是一个有限的资源，现在还有争议。别人赞美"坚毅力"之类的流行心理学概念的时候，你却知道那可能是站不住脚的学说。

现代学术体系分工越来越细，我们在绝大多数领域中只是外行。但是只要你会研究，你就是个"聪明的外行"。

这条研究之路需要你付出青春和热血，但是其乐无穷。

③ 专栏作家应该干什么

"专栏作家"是个有光荣传统的古老职业，但"知识服务"可以说是罗振宇发明的一个新行业。这个工作不但新，而且强度特别高，我们这帮人一天到晚干活就好像打仗一样。做这样的事儿会刺激你思考人生。我写了三年得到 App 专栏之后，有一点来自火线的新认知，也许会对你有帮助。

我认为专栏作家应该做的事情，就是把当前科学理解，交付给读者。

我说的不仅仅是得到 App 的专栏，而是所有的专栏。现在出了个什么事儿，或者读者有个什么问题不明白，想听听专栏作家的意见。他们能像语文老师讲作文说的那样，讲一个自己的故事、举几个例子、引用两句名言、打个比方再来一段抒情，就算是一篇"雄文"吗？这种写法已经过时了。专栏作家得做好研究，才有资格发言。他们得用最新研究结果和数据说话。这是一个写作与研究密不可分的时代。

"科学写作"是一门新手艺。过去像达尔文这样的学者不但能搞研究，而且还是特别厉害的科学作家。现在学术分工越来越细，大部分科学家只擅长一个小小的领域，其实只是匠人。只有高水平科学家才掌握一个学科的大局观。我的专栏解读过很多一线科学家写的书，这些书体现了大局观，但是以我之见，这些书的写法还可以更好。

我甚至敢说，不是科学作家为科学家服务，而是科学家为科学作家服务，科学作家为读者服务。科学发现的一大意义所在，就是要让"聪明的外行"了解它。

所以我的专栏一向都不是写"我知道的事情"，而是"读者想知道、读者应该知道的事情"。

不管你想没想到，只要这个思想好，我就要让你知道。

好思想都在哪里

经常有读者问我是怎么选择有价值的好书和好文的，这一篇我就说说这个。

得到 App 的宗旨是提供知识服务，所以我的专栏不太可能去讲一本小说或者一篇散文，必须给读者"干货"和"猛料"。而且我不想被限制在一个特定的领域之内，我要保留"任何领域都可以说"的权利——不管是心理学的新认识、物理学的新进展，还是管理学的新方法，不管是人工智能的技术、经济学的分析，还是政治意识形态的交锋，我们什么都可能说。

我想交付给读者的，是"思想"，或者说得更轻量一点，是"想法"。所有人的大脑共同生活在一个"智识世界"之中，这个"智识世界"就是由想法组成的。所谓创新，很大程度上就是想法的连接。所谓"认知升级"，就是你有没有更先进的想法。娱乐节目谈论人，新闻论坛谈论事，我专门谈论想法。你得先有想法，才能做事。

而好想法不是从天上掉下来的，更不可能是我一个人琢磨出来的。我的任务是通过大量阅读，找到有趣有用的好思想，用自己的方式交付给读者。如果我是一个厨师，我认为食材比我的手艺重要。读者要吃海参，我可以把海参做得好吃一点，但是我不能把胡萝卜变成海参。这就是说，专栏文章的选题比写法重要。

好思想都在哪里？在书里，在杂志文章里，在论文里。我选题的标准大概有三个。第一，要新；第二，要过硬；第三，要让读者能"得到"。

经典的东西都经过了时间考验，当然好，但是我更偏爱新思想，这可能是以前从事科研工作的职业病。

我们正处在一个知识快速更新的时代。所谓"新思想"，并不一定是距离我们生活很远的"前沿"思想，其实我们平时习以为常的观念，都在不断地被刷新。

比如什么是"贫困"？如果你认为贫困就是物质匮乏买不起东西，你的思想就需要更新。几年前，行为经济学家塞德希尔·穆来纳森（Sendhil Mullainatha）和埃尔德·沙菲尔（Eldar Shafir）写的一本叫《稀缺》（*Scarcity*）的书，说贫困其实是一种思维模式。而我的专栏讲解了《鹦鹉螺》杂志的一篇新的研究综述——克里斯蒂安·库珀（Christian Cooper）的 Why Poverty Is Like a Disease（《为何贫困是一种疾病》），说现在科学家对贫困的理解又更新了——贫困不仅仅是一种思维模式，还是一种可遗传的生理疾病！[1]

再比如说，一般认为欧洲有很多高福利国家，而美国并不是一个高福利社会。可是我的专栏解读的经济学家泰勒·科文（Tyler Cowen）的书 *The Complacent Class*（《自满阶级》）就讲到，如果你把减税项目考虑在内，美国的人均福利支出在全世界排第二，这个高福利已经让政府不堪重负了。[2]

还有，我们生活中几乎每天都会吃到糖，对吧？营养学家应该已经非常理解糖了吧？不是。我讲过一本叫 *The Case Against Sugar*（《对糖的指控》）的书中，作者——身为调查记者的加里·陶布斯（Gary Taubes）引用了大量的最新研究，提出的观点是颠覆性的：糖不是营养品，也不是普通食物，而是毒药——吃糖，等同于吸烟。他说的不一定对，但是这个思想很有影响力，所以你应该知道。[3]

读新书的另一个理由是有些经典的思想，放在今天看，会有不同的视角。比如亚当·斯密的《国富论》说每个人都为自己谋私利、多工作多挣钱，"看不见的手"就会让整个社会进步；可是他的《道德情操论》又说人不应该过分追求财富和名望，应该讲道德。那这是不是有点矛盾呢？这是一个历史上的著名问题，还被熊彼特称为"亚当·斯密问题"。我的专栏谈论亚当·斯密的时候，用的是斯坦福大学胡佛研究所的罗斯·罗伯茨（Russ

Roberts）的书 *How Adam Smith Can Change Your Life*（《亚当·斯密如何改变你的人生》），这本书就以一个现代人的视角很好地解释了"亚当·斯密问题"。[4]

哪怕是最古老的经典，都应该参考新思想。我的专栏连载解读过加拿大学者森舸澜的《无为》这本书，其中就用最新的脑科学、心理学和其他社会科学的研究成果对《论语》《道德经》《孟子》和《庄子》这四部中国经典做了非常有意思的解释。[5]

有时候问题是老问题，但是新思想提供了新的解决方案。比如我们应该怎么选择配偶？什么时候停止尝试新事物？过去的人可能想象不到，现在这些问题的最优解，来自计算机算法——我解读过计算机科学家汤姆·格里菲思（Tom Griffiths）和作家布赖恩·克里斯蒂安（Brian Christian）写的《算法之美：指导工作与生活的算法》（*Algorithms to Live By: The Computer Science of Human Decisions*）这本书，读者非常欢迎。[6]

那"新思想"要新到什么程度呢？最好是刚刚出版的书、刚刚发表的文章和论文，我们希望在第一时间解读。图书方面我们目前为止的最快纪录可能是德里克·汤普森（Derek Thompson）的《流行制造者》（*Hit Makers: How Things Become Popular*），美国 2 月 7 日出版，《精英日课》2 月 14 日就开始了解读。至于文章，我经常解读一两天前刚刚发表的东西。[7]

事实上我的专栏在一定程度上促进了英文世界里的新思想在国内的传播。像《未来简史》（*Homo Deus: A Brief History of Tomorrow*）、《注意力商人》（*The Attention Merchants*）、《平均的终结》、《出奇制胜》（*Smartcuts*）等书，都是我的专栏连载解读之后，国内出版社决定引进的，其中有几本还是我写的中文版序言。

再说说"过硬"。所谓过硬，就是这个思想背后最好要有学术研究支持。有几次我是直接讲解一篇经济学论文，但多数情况下还是尽量选择比较通俗的书和文章。这些书和文章大都是新型的"科学写作"，作者不能信口开河，就算本身是面向普通读者的通俗作品，也要引用学术论文。

这也意味着在"名人"和"学者"之间，我们更倾向于选择学者写的东西。马云经常发表各种看法，他说的都很有价值，但是学者可以把很多很多马云放在一起研究比较，给我们一个更科学的说法。

当然，要想让内容好看，你必须讲故事。一本书通常非常厚，一篇文章通常非常长，我的专栏只能精选其中最有价值的内容——好故事就是最有价值的。我宁可用比原作者更多的篇幅，也要把故事讲好。我们要讲的道理都很新，不用故事实在很难说明白。曾经有几本书的思想很好，但是因为没故事，我想来想去还是放弃了。

最后再说说这个"得到"。我理解"得到"的意思是读者看了以后最好能有用，或者"三观"能发生一点改变。普通的新闻，包括一些科学报道，只是提供了一条新知识而已，并不能"得到"。新想法，甚至包括有意思的新想法，都不一定能让读者"得到"。比如有新研究发现，有些章鱼的智力水平很高，甚至还有自己的个性，这是一个很有意思的知识，我也乐意读，但是放在专栏里就不太合适，更何况大量的新想法都是没意思的。

所以"得到"是一个非常非常高的要求。我有时候翻遍各大报刊各大网站，都找不到一篇值得讲的文章。我为了写专栏看了《科学美国人》和《连线》这两本大牌杂志一年，都没发现一篇值得说的文章。《纽约时报》《纽约客》《大西洋月刊》《哈佛商业评论》《经济学人》《新科学家》偶尔有好东西。反倒是一些名气没有那么大的媒体，比如《鹦鹉螺》、Aeon、《1843》上经常有惊喜。

那好书去哪儿找呢？如果你也对读新书感兴趣，我可以提供从简单到高级，三个找书的办法。

最简单的办法是看推荐。我几乎买所有英文书都在亚马逊买，而亚马逊的推荐算法很不错，它能从你以往的购买记录中发现你的兴趣，向你推荐新书。有很多书我都是这么发现的，我经常为了找书专门去亚马逊网站闲逛，就好像逛一个实体书店一样。

比较专业的办法是跟踪主流媒体的书评。《纽约书评》有可能是美国最值得读的报刊，上面有新书的书评，有高手的综述文章，还有各种新书广告。几乎所有重要媒体都有书评栏目，比如《纽约

书评》《纽约客》《经济学人》等媒体。如果你跟踪
这些媒体，就不会错过特别重要的好书。

但最高级的办法是跟踪作者。你应该对现在活
着的、特别有想法、特别能写的人都有谁，心里有
个数。什么纳西姆·塔勒布、戴维·布鲁克斯、马
尔科姆·格拉德威尔、蒂姆·哈福德、迈克尔·刘
易斯（Michael Lewis）、泰勒·科文……这些人刚
刚出了什么书，甚至正在写什么书，你读多了就会
注意到。

选书读好像看足球一样。初等球迷看朋友圈发
的射门集锦，一般球迷看世界杯和欧冠这样的大场
面，资深球迷则跟踪所有重要球员的动态。

我真希望不管有什么重要的新思想，都能让我
的专栏读者第一时间知道…… 当然这是不可能做
到的，但精神，是这个精神。

厚道的人应该怎么使用思维导图

　　"思维导图"是个越来越流行的工具，你肯定经常在网上看到人们贴出的各种思维导图。有些导图画得非常漂亮，说明作者十分用心。（如图5-1）

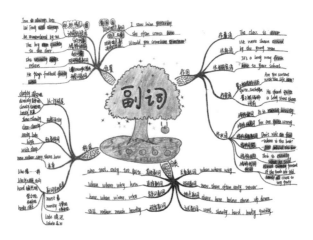

图 5-1

可是每次看到这种漂亮用心的导图，我心里都忍不住叹气。我看这些人根本没抓住"思维导图"这个工具的要点，生生地把一把杀伤性武器用成了礼宾枪。

我先问一个最简单的问题。

现在人们在网上贴出的绝大多数思维导图，都是上面那种"树状图"——从一个大主题出发，分成若干个小主题，每个小主题再分为若干枝叶，这么一步步分下去，就好像一棵树一样。某网站提供的思维导图工具，提供的就专门是这种树状图，如图 5-2 所示——

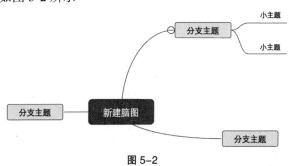

图 5-2

你可以选择不同的风格，但本质上都是树状图，如图 5-3 所示——

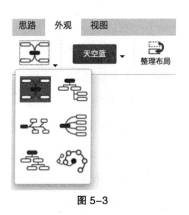

图 5-3

我的问题就是，如果你只是想用这种树状结构列举提纲，整理要点，你又何必非得画思维导图呢？

任何一个简单但是够意思的文本编辑器，都有所谓"bullet points"功能，效果是图5-4这样的——

- 主题
  - 小主题1
    1. 还可以用数字编号
    2. 全是自动的
  - 小主题2
    - 要点1
    - 要点2
- 主题2

图 5-4

树状图的拓扑结构完全等价于这种bullet points。你根本不需要用鼠标笨拙地点来点去，直接用键盘写，tab键往右缩进，shift-tab键往左缩进，快速准确；想在哪里插入一段随便插入，想调整顺序随便调整，想长就长想短就短，根本不需要关心画面的美观；逻辑明白，条理清晰；文本格式，有利于编辑，有利于保存，有利于共享，有利于搜索。

我看大多数人用思维导图都是做读书笔记或者

会议摘要，这种 bullet points 是最好的办法。如果我收到一段什么重要信息是思维导图形式的，我做的第一件事就是先将它转换成 bullet points。

为什么放着这么厚道、简洁、实用的 bullet points 不用，非得费力画那种妖艳的思维导图呢？

也许答案是二维图形能带给大脑不一样的刺激，有利于阅读和思考。也许有这样的道理，但是绝大多数思维导图没有起到这个作用，尤其是有些导图画得密密麻麻写满了字，根本无法起到这样的作用。

把绝大多数用于整理信息的树状思维导图替换成 bullet points，对作者、对读者都有好处。

那么思维导图是不是一个被高估了的工具呢？不是。思维导图是一个被低估了的工具。

思维导图，根本就不是一个整理和记忆工具。它是一个思考工具。

前文提到，人的短期工作记忆——相当于大脑的"内存"——非常有限，每时每刻只能最多想 4 个东西。

思维导图的正确用法，就是给大脑扩充内存。

你只能想 4 个东西，可是做这件事需要同时考虑 8 个东西，那么最好的办法就是把这 8 个东西都写下来，摆在你面前帮助思考。

预算 1 万元，要做 8 件事，怎么分配呢？躺着思考脑子不够用了，坐起来找张纸，把 8 件事都列好，分个轻重缓急，这里多点那里就得少点，加加减减，就好像演算数学题一样。

思维导图，本质上就是思维的草稿图。

更高级的用法则是用思维导图做决策和判断。一个普通会议可以分三个阶段。

第一阶段是畅所欲言，谁有什么想法都提出来，这时候使用思维导图就非常方便，准备个白板，什么想法都先写上再说。这时候画的就是树状图。

第二阶段是评估这些想法。你可能会发现几个想法之间的联系！我们知道，发现不同想法之间的联系，不就是创造性思维吗？发现联系，就把这两个想法用一条线连接起来——这个动作可不得了，你从根本上改变了这张图的拓扑结构！它不再是树状图了！不是树状图，就不能用 bullet points

取代，就必须用思维导图。然而非常遗憾，这个最最基本的功能，居然有的"思维导图"软件都不提供。评估的结果，是要对这些想法做出取舍。

第三阶段是形成决议。把讨论中淘汰掉的想法都划掉，剩下的分出主次和执行顺序，整理一下就可以照着做了。

这三个阶段，其实就是从众人的发散思维，到最后集体的集中思维的过程。先发扬民主，最后形成集中。这个思维过程，这种决策方式，比白板上画的图好不好看重要得多。

个人思考也是这样，一个人的头脑中可能有不同的声音，同时考虑这些声音内存不够用了，就干脆都先写出来，然后思考整理，自己跟自己开会。这个，才叫思维导图——为了引导思维而画张图。

所以一张实用主义的思维导图必定是非常潦草杂乱的，上面画满了各种连线、重点符号、划掉符号，就好像演算纸一样。

我写文章经常要画这种草图。一开始想法很多都先写下来，用连线表示逻辑结构，慢慢理清思路，再划掉一些，最后形成提纲。这种图都是用完

就扔，并不具备任何美学价值，但这次还是贴出一张我在实战中画的一张图。（如图 5-5）

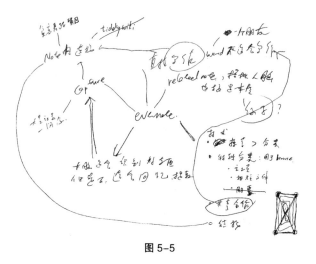

图 5-5

这是我写下一篇《我怎样管理信息》的文章时画的图。我画图的时候并未想到要把它贴出来，随便找了张纸，写得很潦草，有些字还写错了，贴出来等于是献丑。但我想拿它说的就是，思维导图是自己用的！

花哨的装饰和美观的外形未必实用，真正的武器身上应该有创伤、有错误、有硝烟的味道。

我怎样管理信息

　　只要你从事脑力工作，不管具体干什么，你干的其实都是同一件事——吸收大量外界信息，让这些信息在你头脑中发生化学反应，然后创造新信息。以前我进行物理研究，现在我是科学作家，都是在和信息打交道。我想分享一点信息管理的经验。

　　有关信息管理，大概有两种错误的思想。

　　一种是想要用大脑记住信息，强调记忆力。现在有各种记忆术、记忆力培训班之类的，就是由此而来的。在互联网时代，这个依靠蛮力的思想实在太落后了——人脑应该是用来想事儿的，不是用来记事儿的。

另一种是强调搜索，指望什么信息都临时去网上找——这就太业余了。比如你看到一篇有价值的文章，只要你觉得将来可能还需要再看这篇文章，你就应该把它保存下来，而不能指望日后再去搜索。你可能会忘记关键词，甚至把整件事都忘记。

正确的做法，是使用一个外部系统，专门存储个人化的信息。

所有学者都是这么干的。过去人们使用笔记本和文件柜，现在我们有更方便的工具。

我用的工具是 Evernote，已经用了 7 年了。Evernote 在中国的版本叫"印象笔记"，我用的是国际版，但功能应该都是一样的。

下面我就以 Evernote 为例，讲三个信息管理经验。

① 采集

人脑很不擅长提取记忆里的东西，但是很擅长识别东西。如果让你列举你所知道的所有美女，你大概一时之间说不上来多少个；但是当你看到一位美女的时候，你马上就知道这是美女。所以**我们要专注于识别，而让计算机帮着提取**。

看到任何可能有价值的信息，我的第一反应都是存在 Evernote 里。Evernote 有自己的服务器，所有内容都同时保存在本地和云端，可以跨平台保存和提取。它有自己的浏览器插件可以抓取网页内容，它在手机里跟几乎每一个涉及阅读信息的 App 都能对话，你还可以用发邮件、拍照片和录音的方法采集信息。

提取信息最好的办法是搜索。IBM 做过一个研究，让人去找一封电子邮件，有的人喜欢搜索，有的人喜欢平时就把邮件分类。结果搜索的人平均只需要 17 秒就可以找到他想要的邮件，而分类的人则需要 58 秒。

但一定程度的分类也是必须的。生活用文件应该单独放在一个目录（Evernote 中叫 "notebook"）下，报税材料应该单独放一起。凡是你需要回头批量浏览的内容，都应该有自己的目录。以写作为例，我的 Evernote 中有如下图 5-6 中的几个目录——

图 5-6

任何时候产生一个有可能变成一篇文章的想法，我就在 "111Idea 立项" 这个目录下新建一条笔记；如果这个想法只适合在某篇文章里做素材，那就进入 "Idea 片段"。

采集的精神在于，有了高级管理工具，你就应该把任何可能有价值的东西都记录下来。Mathematics 软件的发明人史蒂芬·沃尔夫勒姆

（Stephen Wolfram），甚至具体到把自己在键盘上每一次击键的动作都记录下来了。我觉得这有点夸张，但是他这个精神是对的。

记下来了，你就不用惦记它了。这其实也是解放大脑！

❷ 合作

Evernote 还是个很好的图文编辑器。我有个朋友，以前做编辑，后来辞职自己写作了，很成功。他专门问过我，你交给我的稿子都是清爽漂亮容易编辑的文档，我用 Word 怎么做呢？

我就说，专业作家不应该用 Word 写作。Word 也许是个排版工具，但肯定不是写作工具。我写书用 Scrivener，写短文都直接用 Evernote。Evernote 能直接把文章生成 html 文档，发给任何一个人，他根本不需要安装什么软件，在任何平台用浏览器直接就可以打开，而且所有文本变化格式都保留了。

Evernote 还允许你公开分享任何一条笔记。你只要发个链接，所有人都能访问这条笔记。

更重要的是，Evernote 允许几个人共享一个目录。下图 5-7 这几个目录是我写《精英日课》专栏用的——

图 5-7

我和专栏主编，以及"罗辑思维"的几个同事共享了其中"交稿"和"已发布"这两个目录。写好一篇文章我就放在"交稿"目录中，主编随时能看到，随时能修改。哪些文章已经发布，还剩下哪些文章可以发，所有相关人员都一目了然。我简直无法想象如果都用电子邮件交流，得多费多少力气！

下图 5-8 这些目录是我的读书笔记。

图 5-8

我现在读写量太大，只能用录音的方法记笔记，然后请助手把录音整理成书面文档。我读一段书，有什么心得感想就直接用 Evernote 录音，把录音保存在"录音笔记"目录下。我的助手随时能看到，有时间就帮我整理。我不用特意告诉她新录了哪些笔记，她也不用告诉我整理到了哪里，所有工作进度一看便知。

主编、助手和我，我们在不同的地方，甚至是不同的时区工作。但是我们一交流都是说大事儿，几乎不用花时间做什么技术性的协调同步。

③ 创造

最后说两个 Evernote 的高级功能，是用来思考创造的功能。我们还是以写作为例。

第一个功能是，你可以在一条笔记中插入另一条笔记的链接。这个功能简单但是意义重大。

从 2012 年开始，我对贫富差距增大这个话题非常感兴趣，一直想写篇文章来解释为什么现代社会的贫富差距会越来越大。我的做法是先在"111Idea 立项"目录中创建一条笔记占位置，然后一遇到相关的素材，比如什么新的研究结果，就把保留那个素材的笔记链接在这里。

图 5-9 是这条笔记的一部分，其中每条链接都指向一个相关的素材。这样几年时间内，我搜集了好几十条素材，想的越来越多，虽然文章到现在也没动笔。

唯一的希望，是新技术，新机会带来的新势力崛起。比如飞机取代火车，，美洲新大陆等 - 但就是这样，精英一旦确认这个机会，仍然可以在很早期就能跟进投入。

Your Ancestors, Your Fate

Social Animal 一书，说贫困其实是一个 emergence system。不能单一解决。这就是为什么要建KIPP这种全包的学校来彻底改变一个人。可是 The Why Axis: Hidden Motives and the Undiscovered Economics of Everyday Life by Uri Gneezy and John List ch 5 的实验似乎说穷人学校还是有希望的？不过实验中特别强调了对家长的培训。

甚至有本书专门说这个：How much does social mobility ever change?

Solidot | 报告称2010年中国基尼系数0.61

The Great Gatsby Curve - NYTimes.com

Are food stamps the best macro stabilizer?

本文似乎应该重点谈穷人的思维模式，或者就这个问题另起一篇文章，一个切入点是为什么穷人更胖？参考以下几篇文章：
How Poverty Taxes the Brain - Emily Badger - The Atlantic Cities
Why Do Poor People Tend To Be Fatter?Controversial News, Controversial Current Events | Intentious
Rich And Poor Kids Eat Same Diet, Poor Get Fatter
The Economics of Obesity: Why Are Poor People Fat?
Childhood obesity is falling
肥胖者教育程度低是因为肥胖者不上学

参考Scarcity: Why Having Too Little Means So Much by Sendhil Mullainathan and Eldar Shafir 一书。
The human side of poverty: Why poor people make bad decisions - latimes.com
Your Brain on Poverty: Why Poor People Seem to Make Bad Decisions - Derek Thompson - The Atlantic

另外The Social Animal: The Hidden Sources of Love, Character, and Achievement 书中则提到，贫困是一个emergence problem，所谓涌现现象，不是单一因素所决定的，必须从文化上脱贫。

图 5-9

　　但这个思路是清楚的——不成熟的想法先放着，慢慢积累，什么时候素材够了、自己想明白了什么时候动手。而 Evernote 的关键作用在于，平时你不用总惦记这个想法，它老老实实就待在那里，你随时有新东西都可以去补充它。这不仅仅是写作的问题，这是借助一个外部工具，把想法壮大起来。

　　其实我还需要一个功能：自动告诉我一条笔记

都被哪些笔记引用过。这能引发更多联想，希望将来 Evernote 能有这个功能。

第二个功能是，Evernote 能通过可能是词汇匹配之类的算法，自动发现一条笔记的"相关内容"。

比如《大西洋月刊》上有一篇文章介绍心理学家保罗·布卢姆（Paul Bloom）的书《反同理心》（*Against Empathy*），这本书说的是同理心泛滥对现代社会的害处。我把文章保存在了 Evernote 中。

然后 Evernote 就根据这条笔记的内容，自动发现了六条"相关内容"（Context），其中三条来自我以前的笔记，三条来自最近的媒体文章。（如图 5-10）

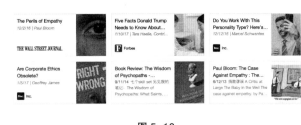

图 5-10

Evernote 至少告诉了我三件事：

（1）保罗·布卢姆早在 2013 年就在《纽约客》

杂志发表过一篇类似内容的文章。我看过那篇文章
还保留了，但是现在全忘了。

（2）文章中提到精神病人的决策能力可能更强，
而我之前读过的一篇书评，也讲过类似的观点。

（3）保罗·布卢姆最近还在《华尔街日报》上
发表文章，介绍了他这本书。

我没有做任何搜索，这些都是 Evernote 主动
告诉我的。更重要的是，Evernote 这已经是在模拟
人脑的思维了！人脑发挥创造力最重要的一个手
段，就是把两个不同的想法连接起来。这个连接越
是意想不到，创造出来的东西就可能越有意思。想
要让想法连接，你得先拥有很多很多想法才行，而
现在你可以把想法寄存在一个外部工具里，让计算
机帮你建立连接！

但是 Evernote 做得还不够好。另一个工具，
DEVONthink，能用更复杂的算法提供更多的相关内容，
而且还有量化的相关度评估。可是 DEVONthink 的其
他功能实在远远不如 Evernote……所以我特别希望
Evernote 收购 DEVONthink。

不论如何，有这样的工具，等于是用"计算机

辅助写作"。这就是为什么《精英日课》专栏能做到日更，我永远不缺资料，我的烦恼是资料太多怎么取舍。我完全不担心有什么人工智能写作软件，我希望这些软件越强越好，为我所用。

希望读者能把 Evernote 用在平时的学习、工作和研究中。但我希望看到更多的人使用这些方法，写出有干货、有严肃研究结果支持的好文章来。那些无病呻吟的鸡汤文字根本配不上这个时代。

而现在如果有哪个作家还在用复印和剪报搜集资料，用 Word 写文章，他面临的是我这样的作家的不公平竞争。

强力研读笔记法

读书笔记的一个重大作用是给自己日后以最快速度重温这本书提供方便，直接看笔记就可以。还有别的好书等着我们去读呢，所以笔记最好要写到可以取代原书的程度。

我看过很多平庸的笔记，写的就如同小学生给课文概括中心思想和段落大意一样。网上有很多人用画"思维导图"的方法来做读书笔记，这种方法意义也不大。流水账式的读书笔记就好像用胸围、臀围、腰围这三个数字来描写一名美女一样无趣。

强力研读要求读书笔记必须包括四方面的内容：第一，清晰表现每一章的逻辑脉络；第二，带走书中所有的亮点；第三，大量自己的看法和心得；第四，发现这本书和以前读过的其他书或文章的联系。

一般人的笔记只有摘要概括。能做到第一点，找到逻辑脉络，就已经算优秀笔记了。我只看到过极少的人偶尔在笔记中插入书中亮点。至于后面这两点，能做到的可谓是凤毛麟角。但是只有做到全部四点，你才能把一本书的效用发挥到最大。你会发现这个回报是巨大的。

❶ 清晰表现每一章的逻辑脉络

我习惯完全按照原书的章节给读书笔记划分章节，甚至保留各章的标题。在每一章的开头，用自己的话写下这一章作者到底想说什么，各章串起来就形成了系统。

不过这种内容提要并不重要，重要的是一定要能看出作者的逻辑脉络。大多数人之所以没有真正理解一本书，就是因为看不到这个脉络。每一章的逻辑结构如果真写出来也许只有几句话，可是这几句话却常常分布在好几十页之中。善于写书的作者往往会在书中收录大量引人入胜的小故事，包括科研案例、历史典故和名人轶事，只有把这些小故事串起来我们才能看明白作者到底在说什么。单独看其中一个故事，每个人都会对这个故事有与众不同的解读。然而这个故事在书中的作用却往往会被人忽略，最后只记住了小故事这棵树木，而看不到它们组成的森林。

现代人喜欢小段子，往往能记住作者讲的笑话而忘了作者的本意。在美国历史上，还没有电视没有网络更没有微博的所谓"印刷机时代"，史蒂芬·道格拉斯（Stephan Douglas，他曾经跟林肯竞争过美国总统，还竞争过老婆，最后都失败了）曾经跟林肯有过连续 7 场的著名辩论。道格拉斯口才极好，经常出妙语，但是他告诫听众不要为妙语鼓掌。

《娱乐至死》这本书是这么说的：

道格拉斯甚至批评他的听众，说他需要的是听众的理解而不是激情，说他的听众应该是沉思默想的读者才好……阅读要求的是理性思考。一个好的读者不会因为偶然发现了什么警句妙语而欣喜若狂或情不自禁地鼓掌——一个忙于分析的读者恐怕无暇顾及这些。

我们小时候学习的那些所谓"中国古代寓言"，就是从古书中提出来的小故事，而我们对这些寓言的解读往往背离古人写书时的本意，我们记住了故事却忘记了文章。所以读书笔记的第一作用就是抛开故事记住文章。让一本书从厚变薄，从具体的山川景色变成抽象的地图。只有当你跳出字里行间，以居高临下的姿态俯视全章，它的脉络才能变得清晰。看清楚以后不要抄作者的话，用自己的语言把这个脉络写出来，就好像画地图一样。

② 带走书中所有的亮点

但是如果一个小故事实在是好，我们也得把它留下。好的读书笔记是不均匀分布的。笔记，是我听说了一个想法之后很激动，必须把这个想法记下来据为己有的行为。所以逻辑脉络之外，如果发现真正好的小故事——我们称之为"亮点"，那么就把这个故事也写下来，甚至具体到细节。一方面，将来万一要做写文章之类的事，从笔记里翻出来就可以用。更重要的一点是这些故事日后将会反复地在我们的大脑中出现，它们用各种出其不意的方式左右我们的思想，直至改变我们对世界的认识。你不得不承认有些段子的生命力就是比其原来所在的文章更长，以至于最后成为典故。

我用 Kindle 看其他人对一本书划的流行重点语句，发现这些语句大都是总结式的，就好像小学生在课文里发现的重点句一样，通常是段落的第一句或者最后一句。真正的高手读书不能用这种线性读法，而应该是"一惊一乍"的。作者的哪句话是令人拍案叫绝的？哪句话是一语惊醒梦中人的？应该把这样的东西突出记下来。我有时候听凤凰卫视的《开卷八分钟》，这是一个向观众介绍书的电视栏目。我发现其他几个主持人往往倾向于在节目中系统全面地介绍一本书的内容框架，而梁文道则总能在一本书中找到几个单独的亮点，常常拿出一两个意味深长的故事给观众，让人能够体会到原书作者的个性。读书笔记得有这个效果。

读书，在某种程度上就是寻找能够刺激自己思维的那些亮点。我们在分析脉络的时候要忽略故事，分析完脉络再把故事带走。

❸ 大量自己的看法和心得

强力研读是一种主动式的读书。要在笔记中写下自己对此书的评论，好像跟作者对话一样。我现在的统一做法是把自己的评论全部放在方括号（【 】）中，将来翻阅的时候哪些是书里的，哪些是自己的一目了然。

藏书人认为书的干净最重要，所以他们不看书；低水平读书人看完的书上画满了重点线；而高水平读书人看完的书上写满了批注。历史上牛人读书都喜欢在书页的空白处批注。

你不可能对说得好的一段话无动于衷。你可以写下自己对这件事的理解，你还可以写下对作者的质疑或肯定。更高级的批注则是写下自己因为看到这段文字而产生的灵感。

一本好书每一章都能让人迸发出 10 个以上的灵感。也许你突然想到这解决了你之前一直关注的问题，尽管这个问题看似与此书无关；也许你想到了对书中思想的一个新的应用；也许你想到你可以把作者的理论往前推一步。这些想法未必都真的有用，但是都非常宝贵，因为如果你不马上记下来，它们很快就会被忘记。也许多年以后翻阅笔记的时候你会觉得自己的心得灵感比原书更有价值。

❹ 发现这本书和以前读过的其他书或文章的联系

当你读过的书多到一定程度，你就会发现书与书之间是存在联系的，尤其是现代人写的书，极少有一本书中的思想完全独立于世界，往往真正新的知识都建立在旧的知识之上。这个问题别的书是怎么说的？有没有更新的证据支持或反对这个结论？要找到它们的共同点和不同点。一个真正善于主动读书的人对这种联系是非常非常敏感的。前文提到，我现在使用 Evernote 整理读书笔记，这个工具有个好处是可以把每一份笔记都生成一个可供别的笔记直接点击和引用的链接。我的笔记中经常出现这样的链接，用于指出书与书之间的联系。

我们小时候都曾经有一段时间对新词汇非常敏感。比如你可能从电视上听说了一个成语，你不能确定这个成语的准确意思，但你觉得这个词挺好。结果在接下来的几个月甚至几天之中，你多次遇到这个成语！你可能会奇怪怎么以前没注意到它，难道这个词最近专门爱找你吗？一个读书人对新的知识就能保持这样的敏感。你一旦发现一个有意思的新课题并且读了这方面的书，你就会主动或者被动地多次与这个课题相遇。你刚放下这本书，一上网又看到一篇这方面的文章。过几天你打开手机又发现微博上有人正在讨论它。这时候你应该怎么办？应该打开 Evernote 整理一份这方面的笔记！

如果你读过足够多的书，你会获得一种更难得的经历：感受人类知识的进步。你会发现一个问题在这本书里是这个说法，而过了几年之后有人另写的一本书中，引用了更有力的证据，把整个结论改变了；有时候你会赞同这个新结论，有时候你会反对；有时候你必须从几本书的几个不同结论中判断哪个是最靠谱的；有时候你会觉得他们说的其实都不对，只有你知道正确答案。到了这个层次，你已经跟书的作者完全平等了，你甚至可以俯视他们，评判他们之间的高下。这时候你又应该怎么办？应该写篇文章发出来！

⑤ 笔记是对一本好书最大的敬意

好书之所以要读两遍，最重要的目的就是获得**这些心得、灵感和联系**。对一本关于我们不太熟悉的领域的书，第一次读的时候我们往往会陷入作者的思想之中，我们大脑全部的带宽都被用于理解作者的思想，而没有更多的余地去产生别的想法了。"幽默是智力过剩的体现"，想法也只在带宽过剩的时候才会冒出来。只有当你读第二遍的时候，你才能气定神闲地发表意见。**第一遍读是为了陷进去，第二遍读是为了跳出来。**

笔记是对一本好书最大的敬意。读书笔记是一种非常个性化的写作，是个人知识的延伸。它不是书评，完全是写给自己而不是为了公开发表的——可以完全专注于意思，而不必关心文笔。虽是这样，阅读别人写得好的读书笔记仍然是一种乐趣，而且对不重要的书直接读笔记可以节省大量的阅读时间。豆瓣网就有个专门的系统让读者分享笔记。

如果做不到强力研读的笔记标准，随便做个一般水平的读书笔记对自己也有帮助，最起码能加深记忆力。曾经有一项研究，让受试者阅读一篇科学类文章，然后分三组：第一组多读几遍，第二组针对此文画个"概念图"，第三组用 10 分钟写一篇相关文章。一周以后对受试者进行测试，结果写文章的这组记忆的成果，甚至这时候再让他们画概念图的成果，都胜过其他两组，画概念图的效果甚至还不如多读几遍。所以"眼过千遍不如手过一遍"这句话是对的，而且用思维导图做笔记真的没用。

无为第六

EW SCIENCE OF

EARNING FOR GENERALISTS

庄子"无为"的一种科学解释

　　庄子的"无为"是一个古老话题，国内学者的研究早就汗牛充栋了。但是我敢打赌，哪怕你是一位国学大师，下面的内容，也会让你耳目一新。

　　一位西方学者用脑科学的最新研究结果给庄子的"无为"提出了一个解释。这句话听着有点不靠谱，但我仔细研读了他的理论，现在觉得这是我所听说过的关于"无为"的解释中，最靠谱的一个。

　　我要说的这本书是 *Trying not to Try: The Art and Science of Spontaneity*（《无为：自发性的艺

术和科学》）。作者爱德华·斯林格兰德（Edward Slingerland）是加拿大不列颠哥伦比亚大学的教授，一位著名汉学家，他还有个中文名叫森舸澜。

什么是无为？按照森舸澜的观点，你看看 NBA 球星打球打出状态来了那种怎么投怎么有、如入无人之境的表现，你看看爵士乐手轻松自在的即兴表演，他们跟庄子说的"庖丁解牛"不是一样的吗？这就是无为。

无为首先是一个个人状态。森舸澜说，无为就是"not trying"，不刻意追求，不用意识控制，好像特别放松地去做一件事，结果做得非常自然。

注意，有些人误以为"无为"就是什么都不做，所以得出结论说老庄的思想特别消极，那就错了。森舸澜理解的无为不是不做事，而是做得特别自然，让人感觉他毫不费力。

做事达到无为的水平，反而需要艰苦的练习！森舸澜甚至说儒家培养人的最高目标也是无为。古代中国人从小要背诵许多经典，学习礼仪，得知道鞠躬时腰要弯到什么角度，进入房间怎么迈步，而且要坐得笔直——这些基础训练的目的。一方面你肯定是受过训练有教养才会这么做，另一方面你又做得特别真诚自然。

这种"自然"，是庖丁解牛式的自然，它和一个没有受过训练的人傻乎乎地往那儿一站的"自然"完全是两码事。用一句话说就是 natural doesn't come naturally。这样的自然，就是无为。

其实我们在日常生活中有时候也能进入无为的状态。比如你有能力有自信会跟人相处，去参加一个工作面试，聊得特别融洽，说话特别真诚，双方都很自然，那可能时间很快就过去了，你都注意不到自己是怎么表现的，结果就是最好的表现。这个状态，就比那些一进房间都不知道该先迈哪条腿，生怕自己握手的姿势不对，每说一句话都字斟句酌想半天的人，不知高到哪里去了。

注意，"无为"跟"熟练"还不一样。我有时候看一些小孩弹钢琴，弹得非常熟练，但我总觉得他们只是把这个曲子弹"对"了，而没有做到弹"好"。我们看爵士乐表演，乐手无疑是非常熟练的，但是他们熟练之外还有一种灵气，能带一些即兴的东西，就好像有灵魂，或者用中国话说就是有

"神",这才是真正的高明之处。

不生硬不刻意,还要有灵气,这才是无为。

森舸澜的高明之处,还在于他从现代脑科学中给无为找到了一个理论解释。

很多人都知道,人的思维大致可以分为两个系统:一个快速的、自动的、不需要主观努力就能运行的"系统1",森舸澜称之为"热认知";一个慢速的、刻意的、需要费力的"系统2",森舸澜称之为"冷认知"。热认知系统大体是无意识的,比如我们日常的动作,走路、开车,并不需要先想好动作要领就能自动完成。冷认知系统需要随时做判断,费时费力,但它的好处是面对新的信息能够随时调整,给不同任务设定新的优先级。

在解释"无为"之前,我们先来把"自动"和"刻意"做一个对比。为此,我们先来做个小实验。首先,请你按顺序读出下图 6-1 这五个词:

灰色

黑色

黑色

灰色

黑色

图 6-1

作为一个以中文为母语的人，你肯定读得非常流利。这就叫"熟练"。

现在请你读出下图 6-2 的这五个词，但是注意，你要读的是每个词"自身的颜色"，而不是这个词的读音是什么颜色：

灰色
黑色
黑色
灰色
黑色

图 6-2

如果你以前没玩过这个游戏，我猜你读前三个词的时候还是比较顺畅的，因为它们的颜色跟读音一致；但是读到第四、第五个词，你可能就会稍微停滞一下，因为它们的颜色跟读音相反。这就叫"刻意"。

这个实验在心理学上非常有名，已经有了七八十年的历史，叫做"斯特鲁普任务"（Stroop Test）。刚才你那个小停滞，叫做"认知控制"。也就是说，靠热认知自动运行已经无法完成任务，冷认知出手控制了一下你的动作。

人脑中有两个区域负责认知控制。第一个区域叫"前扣带皮层"（ACC），功能相当于一个烟雾报警器，一直开着监控局面。ACC一旦发现异常情况，就会给第二个区域"侧前叶皮层"（Lateral PFC）报警。这个Lateral PFC的作用相当于救火队，它更重要的功能是大脑中的决策系统，它会给大脑中各个部分下命令处理这个情况。

所以，当你看到第一个黑色的"灰色"时，ACC向Lateral PFC报警，Lateral PFC对照游戏规则，就会命令视觉系统忽略这个词的"意思"，而关注这个词的"颜色"，并且命令你的文字处理系统闭嘴，不要按照字面意思去发音。

一个不熟练的人做斯特普鲁任务，需要不断地启动这两个认知控制系统。等你熟练了，能够自动只看颜色忽略字面意义，那么整个任务就被交给热认知在潜意识状态下完成，而把冷认知省下来做别的事。

"刻意"，就是ACC和Lateral PFC同时打开。任务主要由慢速的冷认知系统完成，整个动作是有意识的。

"熟练"，就是 ACC 和 Lateral PFC 同时关闭。任务主要由快速的热认知系统完成，整个动作是无意识的。

那什么叫"无为"呢？

森舸澜介绍了一个特别厉害的实验：科学家在爵士乐钢琴家演奏的时候，用功能性核磁共振扫描他的大脑。这个钢琴家表演的是他非常熟悉的曲子，并且加入即兴发挥，也就是进入了"无为"的状态。扫描发现，这时候他脑子中的"救火队"，也就是 Lateral PFC 关闭，但是他的"报警器"，也就是 ACC 反而增强了！钢琴家没有刻意控制自己的身体，也不在意手指怎么运动，但与此同时，他对周围环境有非常机警的感知。

"无为"，是意识和潜意识、冷认知和热认知的完美合作。意识放开了身体，让身体自发地、非常自然地去做一件事，而与此同时，意识又保持了高度的敏锐。

举个足球的例子，你就更明白了。以前江苏舜天队的主教练（Drogan），对中国球员有个批评。

他说中国球员基本功都还行，下底传中的动作做得有板有眼，但是意识不行——球员经常跑到那个位置就来一脚标准的传中，可是根本不顾现在禁区里是什么情况啊！

这就是光有熟练而没有达到无为。大牌球星的传球动作，也是那么熟练那么自然，可是人家ACC系统开着，能随时根据场上不同情况，调整传球路线。但是他这个调整又特别自然，还不能是一停二看三传那种刻意动作！

无为和熟练、无为和刻意之间，就差那么一点点。这一点点，值得一个高手用一生去追求。

森舸澜在全书开头引用了两个NBA球星的话来描述进入无为的状态打球是一种什么样的体验，他们管这个叫"being in the zone"——值得直接翻译在这里：

帕特·加里蒂（Patrick Garrity）：感觉球特别轻，投篮毫不费力。你甚至根本不用瞄准。你放开了一投，你就知道它肯定进……就好像一场美梦，真是不想醒过来。

乔·杜马斯（Joe Dumars）：就好像一个灵魂离体体验，你自己能看见自己一样。你几乎感觉不到对方的防守球员，如入无人之境，那哥们太慢！你甚至听不到场上的噪声……第二天训练的时候你就想，天啊，我为什么不能每天晚上都那么打？

在这个中国足球跌入历史最低谷，国字号青年球员连"熟练"都没做到的时刻，我们奢谈"无为"，简直有点讽刺。不过在我看来更有讽刺意味的是，也许现在全世界最懂"无为"的人，是个加拿大人。

其实《庄子》中讲庖丁解牛的深意还不是研究NBA球员或者中超球员怎么打球，其最后一句话是——"文惠君曰：'善哉！吾闻庖丁之言，得养生焉。'"

主动操作大脑

现在美国有很多力量正在积极探索"出神技术",让人进入"心流"状态。心流的一个好处就是能提升创造性思维,解决复杂问题。寻求一个难题的答案也好,打游戏也好,看电影也好,只要你曾经特别专注地干一件事,你就在不同程度上体验过心流。史蒂芬·科特勒(Steven Kotler)和杰米·威尔(Jamie Wheal)的《盗火:硅谷、海豹突击队和疯狂科学家如何变革我们的工作和生活》(*Stealing Fire: How Silicon Valley, the Navy SEALs, and Maverick Scientists Are Revolutionizing the Way We Live and Work*）这本书说，出神体验有四个特征——

第一，忘记自己；

第二，忘记时间流逝；

第三，获得丰富信息；

第四，做复杂工作毫不费力，而且有强烈的愉悦感。

前面两条很简单，我们看电影的时候都能体验到，关键在于后面两条。怎么达到高级的心流水平呢？我读这本书的一个突出感受，就是我们首先要有一个新的观念。

本来，我们是把大脑当成"自己"，是用大脑控制其他的东西。而所有这些出神技术的出发点，都是用其他东西控制大脑。

也就是说，我们要把大脑当成一台普通的机器，对它进行主动的操作。

冥想也好，电磁刺激也好，药物也好，无非是一些操作大脑的手段。手段并不是最关键的，关键是要把大脑操作到什么状态。《盗火》描述了心流状态的一些底层原理上的东西，我看非常值得了解。

我理解这些技术最核心的原则，就是要把头脑中的几个声音关掉。

人并非只有一个单一的自我，我们的头脑中其实有各种声音。参加聚会面对一块蛋糕，你头脑中一个声音说想吃，一个声音说不能吃要减肥，一个声音说不吃会不会伤害主人的面子，一个声音说吃蛋糕的形象会不会不好看。人脑是一场争论，我们有多个自我，他们开讨论会决定下一步怎么办。

比如你正在干一项高难度的脑力工作，你头脑中一个声音说今天晚上吃什么，一个声音说昨天那场比赛输了真遗憾，一个声音说这个工作干好了会取得什么评价，一个声音说我一个人留在公司干活真了不起……那么就算没人打扰你、你也没玩手机，你这也不能算专注工作。

所以必须关闭几个声音。要关闭哪些声音呢？如果你现在已经很有知识，掌握了专业技能，正在做一件创造性的工作，那么你应该关闭"前额叶皮层"（prefrontal cortex）的一部分功能。

这是因为我们现在想要的是"热认知"主导的"无为",而前额叶皮层主管"冷认知"。具体来说,你要关闭前额叶皮层主管的两个声音:一个是"自我批评",一个是"时间感"。

按照书中说法,从初级到高级,整个过程差不多是这样的。

① 忘我

我们大脑中有一个自己评价自己的声音。

比如现在面对一大屋子人,让你上台唱首歌,你可能会很紧张,因为你担心别人怎么看你,万一唱得不好听、动作不自然怎么办?结果你越想越紧张,表演就越不自然。

所有专业演员都追求在表演的时候要全面投入到角色之中,忘掉自己。我曾经看到一段视频,刘国梁训练国乒队员,故意要求球员把球从球网上空一个非常狭小的空间发过去。结果刘国梁能发过去,几个队员就发不过去。刘国梁说,这不是技术问题，这是心理问题。特别是面对关键球，你容易想"多"，就容易紧张，动作就僵硬变形。

大赛之前练心理，也许练的就是怎么关闭这个自我评价的声音。

森舸澜的《无为》也是特别强调忘记自我。《庄子》里面的人物一旦去干个什么大事，就要花几天时间做"忘记"的功夫。

② 去除时间感

前几年流行一本叫《奇特的一生》的书，讲一个苏联人柳比歇夫，做事非常有效率，他的一个特点是特别有时间感。柳比歇夫似乎永远都知道现在是几点钟，做一件事已经花了多少分钟。我们非常佩服柳比歇夫，但是请注意，柳比歇夫花时间做的是搜集昆虫标本之类的事情。这种工作没有什么创造性，并不需要调用太多的大脑计算带宽。

如果你要解决一个复杂问题，需要用到创造性思维，就应该忘掉时间。

大脑中并没有一个专门的区域负责计时，时间感分布在前额叶皮层的各个部分中，来自随时的计算。忘记时间，可以释放出一些宝贵的计算带宽。

忘记时间还意味着专注做事的时候不要考虑过去，也别担心未来，要专注于眼前！书中用了个词叫"深度的现在"（deep now）。

当你忘记时间、忘记自我，你就有了更多的计算带宽，你可以接收和处理更多的信息了。

❸ 获得丰富信息

从低级到高级，《盗火》把"心流"总结成一个一步一步深入的过程。

平常状态下，我们保持有意识的机警，大脑的前额叶皮层活跃，脑波是 β 波。

当你进入工作状态，"心流"的前兆是大脑分泌"去甲肾上腺素"和"多巴胺"这两种激素。它们能帮你集中注意力，提升敏感度。

等你慢慢关闭掉大脑中的一些声音，β 波就

会逐渐被 α 波取代。α 波是一种安静舒适的脑波，比如做白日梦的时候会产生 α 波。这时候你就会获得平时没有的视角，你看问题会有一种新鲜感。

等到你进一步深入，大脑会分泌"内啡肽"和"花生四烯酸乙醇胺"（也叫"大麻素"）这两种激素。它们的作用是减轻痛苦，你的不适感和压力都减弱了，这将进一步让你集中注意力。特别是"花生四烯酸乙醇胺"，它特别擅长建立遥远的连接，把头脑中两种不同的东西连接起来，这就有可能带来创造性的发现。

当你真正深入到极致的时候，大脑将进入 θ 波状态。θ 波通常是我们在睡眠中才有的脑波，这个时候你的大脑已经处于一种半睡眠的状态。现在更多的区域关闭了，潜意识开始占据主导地位。

我们有意识的理性思维处理信息的带宽非常低，大概每秒钟只能处理几十到 100 个比特。要知道，如果有一个人在你旁边说话，他提供的就是 60 比特，如果两个人同时和你说话，那你脑中的所有带宽就都被占完了。

可是潜意识接收信息的量就非常大了，甚至有人说是每秒能接收上亿比特。这个理论我不太理解，如果我意识不到，那这些信息存在哪里了呢？不论如何，我们在潜意识为主导的心流状态中应该能够接收和处理更多信息，更容易建立想法连接，计算的速度也更快。

到了这一步，大脑会分泌"血清素"和"催产素"，这两种激素让我们感到和平、幸福、充满信任感，正好有利于把信息综合起来处理。

④ 做事毫不费力

为什么我们在心流状态中做事会感到毫不费力，还充满愉悦感？因为前面提到的在心流不同阶段出现的这6种激素——去甲肾上腺素、多巴胺、内啡肽、花生四烯酸乙醇胺、血清素、催产素——都是带来愉悦感的激素。

这就是工作的乐趣！有些人认为工作是很辛苦的事情，什么推迟享乐啊，要学会做取舍啊，今天的受苦是为了明天能享受更多啊——他们说的肯定是简单劳动。对于高级智力活动来说，工作充满乐趣。这就是为什么极端式的成功者把工作视为最大的乐趣。

而且大脑能分泌的愉悦感激素也就只有这 6 种。一次完整的心流体验，能让你享受全部 6 种快乐激素！这就是为什么心流会让人上瘾！有人不惜冒生命危险也要去攀登最高的山峰，大概就是追求这种体验。一个艺术家完成了一件作品，一个数学家证明了一个定理，那种兴奋感，也许都在这里。

所以心流并不神秘。此书作者说，只要你是为了一个明确目标努力，你大致都能体会到工作带来的愉悦感。

天才和疯子的一线之隔

前几年国内流行一本书叫《天才在左，疯子在右》，作者应该是一个经常跟精神病人接触的人。他笔下的精神病人都有非常丰富的想象力，有各种离奇的事迹。我不知道那些故事是真是假，但是绝对符合我们平常的印象，精神病患者的思路非常广，简直就是天才。

的确，有些天才人物存在类似疯子的特征。比如因为电影《美丽心灵》被我们熟悉的数学家约翰·纳什（John Nash），曾经在很多年里受精神病的困扰，无法区分幻想和现实，但是他获得了诺贝尔经济学奖。中国人受宣传和报告文学影响，对科学家的印象一般是人畜无害的"默默奉献"者；而美国人则受漫画和英雄电影影响，心目中有一个"疯狂科学家"的形象，感觉从事科学研究的人都比较疯狂。艺术家更是如此，像梵高、海明威，中国诗人海子、顾城，人们一致认为搞艺术的都有点各种程度的疯子特征。

那么，天才和疯子之间到底有没有必然的联系？想要有"创造性"，是不是就必须要"任性"呢？《鹦鹉螺》杂志有一篇文章，叫 If You Think You're a Genius, You're Crazy（《如果你认为你是天才，那么你就是疯子》），作者是加州大学戴维斯分校的心理学教授迪恩·西蒙顿（Dean Simonton）。

这篇文章属于我最赞赏的一种新型科学写作——他直接引用一些最新的科研结果，讲了一个以前从来没有被说明白过的道理，并且提供一个新思想。这不是"科普"，这是来自科研前线的分析报告。

老百姓觉得天才和疯子关系很近，而有些善于理性思考的人认为天才和疯子是两码事。第一，天才人物这么多，其中有几个人疯了，并不能说明两者之间有什么联系；第二，我们没听说过有哪些伟大思想或者艺术品是精神病院生产出来的。

那么心理学家怎么说呢？根据西蒙顿的调研，近年来心理学家的研究结果是，天才和疯子之间的确有一个共同点。这个共同点叫做"认知抑制解除"（cognitive disinhibition）。

我先说说什么叫"认知抑制"。生活中我们每时每刻会接触到大量信息，按高清电影计算的话，大概每秒钟几百万个比特，而大脑的注意力能够处理的信息，我听到过一个说法，也就是每秒几十到100个比特。这就意味着你必须大量地忽略信息。比如你跟一个陌生人见面，可能会重点看他的脸，而不会注意他的衣服上有几颗纽扣。再比如你每天上班都见到的同事，你会注意他的变化，而忽略他不变的东西。这个时刻忽略和过滤信息的本能，就叫"认知抑制"——这是一种本能，不用学，每个人都自动进行。

而"认知抑制解除",则是说有的人,能解除这个认知抑制的本能,专门注意到被一般人忽略掉的信息,并从中发现一些东西。举个例子,青霉素的发明人亚历山大·弗莱明(Alexander Fleming)做实验时,在培养皿里面放了细菌培养液。偶然一次机会,弗莱明注意到他的培养皿里有一处蓝色的发霉的地方,这个霉点周围没有细菌,好像细菌都被杀死了。弗莱明注意到这个细节,他抓住机会深入研究,结果就发现了青霉素,并以此获得了诺贝尔奖。

这个故事听着挺简单,但是你仔细想想,其实并不简单。科学家做实验往往要准备好多个培养皿,而当时的实验也不是为了发现能杀死细菌的物质,而且实验条件有限,出现样品污染也十分正常。如果你对每个看上去不太对的培养皿都进行深入研究,那你最大的可能就是在浪费时间。你必须学会忽略噪音,抓住主题,才能高效率地完成研究工作——这恰恰就是"认知抑制"的作用!认知抑制是理性的。认知抑制解除是非理性的。

正常人不应该关注那个有青霉的培养皿。但是弗莱明却关注了。你说他到底是天才呢，还是疯子？艺术家也是这样。他们经常能从生活中不被注意的小细节里得到灵感，做出创造性的作品。疯子也是这样。关注不该关注的细节，不会过滤错误的想法，他们跟天才差在哪里呢？

西蒙顿说，差距在于智能。

如果一个人的智能高，他就能判断哪些细节重要，哪些细节不重要；他就能在"认知抑制解除"之后，再次忽略不重要的细节，把重要的细节留下，使之成为自己的灵感来源。而那些智能低，认知抑制解除水平又特别高的人，他的大脑就会被大量不重要的信息和幻觉轰炸，不能控制自己的想法，就成了一个疯子。这就是天才和疯子最重要的区别。

所以"智能"和"想法多"，是两个不同的维度。智能是对想法的选择和加工处理。只有想法没有智能，就是疯子；只有智能没有想法，就会缺乏创造性。

有些领域更强调智能，有些领域更强调想法。西蒙顿特别提到，在数学、物理、化学这些"硬科学"领域，天才和疯子的区别是比较明显的，因为硬科学对智能要求高，能够进入这一行业的肯定都是有一定智能的人，他们善于判断，不太可能疯掉。

但特别有意思的是，那些在"硬科学"中做出了革命性发现，甚至能改变同行的思维范式的人物，反而和疯子的联系更近一些，更像艺术家——因为他们需要创造性，要调动更多的"认知抑制解除"。

那么要想当天才，最理想的状态当然是在具备"认知抑制解除"的同时，还能够保持清醒，不要疯。怎么训练才能有这个效果呢？西蒙顿也在文章中提到了一项研究，这个方法可比"脑筋急转弯"难多了。

这个研究说，如果一个人在青少年时代，他生存的环境有较强的多样性，他就能够获得更好的创造性，同时又能保持理性。所谓"多样性"的环境，就是各种复杂的经历，比如一个能接触到不同文化的环境、一个多语言的环境，或者是生活经历坎坷，有过贫困或者单亲这样的苦难。

我们要提升自己的敏感度，同时也要学会主动忽略。

如果用一个公式总结，那就是——

创造力＝大胆尝试新想法 × 智能。

这里最值得强调的收获是，"想法多" ≠ "智能水平高"。如果没有足够的智能去判断、筛选、驾驭和经营那些想法，那么最后就只能停留在肤浅的表面。"智能"和"想法多"的关系，也许就相当于"学习好"和"跑得快"的关系，是两个不同的维度。

为什么多样化的环境能在培养一个人的敏感度的同时还让他保持清醒呢？我认为，这种敏感度是后天习得的敏感度，而疯子的敏感度，可能是天生的敏感度。天生敏感度高可能并不是一件好事，因为你不容易控制它。但如果敏感度是后天慢慢习得的，你就可以一直控制它，为你所用。在这个特定情况下，后天的东西要比天生的好。

最后，我想到电影《美丽心灵》里的一个情节，当然我不知道这个情节是真实发生过的还是编剧编写的。纳什患精神病期间，他经常幻想有两个男人领着一个小女孩来找他，可是他无法区分幻想和现实。

最后他是怎么战胜这个幻想的呢？突然有一天，纳什说，我知道他们是假的了——这几年来那个小女孩从来都没有长大过！

纳什是用理智战胜了幻想。

创造力＝大胆尝试新想法 × 智能。既要任性，还得理性。

天才和疯子的关系，大概可以用表 6-1 总结。

表 6-1

	认知抑制解除高	认知抑制解除低
智能高	天才	缺乏创造性但是能干可靠的人才
智能低	疯子	"正常"人

内隐学习和外显学习

这一篇说一个比较前沿的心理学概念——"内隐学习"（implicit learning）。内隐学习是"当前科学理解"尚未理解的一种学习方式。其实你一直都在用这个方式学习，但是你不一定知道。

为了理解内隐学习这个概念，我们先说它的反义词，叫"外显学习"（explicit learning）。所谓外显学习，其实就是我们熟悉的、正常的学习方式。

比如要学习一个数学知识，你肯定要先了解相关概念的定义是什么，掌握其中的使用规则是什么。你记住概念和规则，就可以在相应的场景下正确使用。这些知识都是明确的——所以叫"外显"。学校里教的和书本上讲的知识几乎都是外显的。像我这篇文章，也是先用非常明确的方式告诉你我要说的是什么。

外显学习就如同程序员写程序，讲究"先定义、后使用"。这样学习的内容才符合逻辑，才能够被理解。

但外显学习并不是最自然的学习方式。

你想想一个两岁的小孩学语言是怎么学的。难道你会明确告诉他定义和规则吗？比如为了让他知道"桌子"这个词的意思，难道你会说"孩子你知道吗？桌子就是一个通常为长方形或者圆形的、表面绝对平整、有四条腿或者六条腿、一般用于写字和吃饭的物体"吗？你会教他语法规则吗？你不会的。

小孩都是在潜移默化中学习语言。他根本说不清桌子的定义是什么，但是当他看见桌子的时候，他知道那是一张桌子。他不懂语法规则，但是他能把话说得符合语法；而且如果你故意说一句不符合语法的话，他能听出来这句话有毛病。

这种学习就叫内隐学习。内隐学习是必不可少的学习方式。我们长大以后在学校学外语用的基本上是外显学习法，又是背单词又是记语法，中英对照，学得很生硬。你非得到一个真正的外语环境之中，跟当地人打成一片，慢慢说溜了，才知道各种地道的说法，才会识别不地道的说法，才能体会到那个说不清道不明的"语感"。

不知不觉就会了，会了也说不清楚，这种感觉，你很熟悉吧。

***

内隐学习到底是怎么进行的呢？你可能听说过各种民间的说法，但是我可以非常负责任地说，目前没有被普遍接受的科学解释。

小孩是怎么学会语言的？有一种说法认为语言学习有个"窗口期"，在 1—3 岁。之所以这时候最适合学语言，是因为幼年大脑的"可塑性"特别高：这时候是一学就会，长大了就算刻苦努力，发音也会很生硬。这个解释强调的是硬件。

发展心理学家艾莉森·高普尼克（Alison Gopnik）强调的是软件，她说小孩的学习都是靠猜测和试错，是贝叶斯式的学习，而这个方法对人工智能算法特别有借鉴意义。[1]

这些说法都有道理，但是它们不能解释，既然儿童这么善于学习，他们学别的为什么不行呢？任何一个辅导过孩子学数学的家长都有这样的体会：学说话好像没怎么教就会了，为什么学个 20 以内的加减法这么费劲呢？

***

现在很多研究内隐学习的研究者认为，内隐学习和外显学习的适用领域是不一样的。

外显学习适合规则明确的简单领域。没错，规则明确的领域其实是简单领域。20 以内加减法很简单，而你只要能把规则说明白，操控一个核电站其实也很简单。

内隐学习适合没有明确规则的复杂领域。语言是非常复杂的，这就是为什么让人工智能掌握人的语言那么难。不过复杂并不完全等于困难，只要方法得当，连小孩都能应对一些复杂问题。

比如说，就绘画而言，印象派、点彩派、野兽派和立体派，到底应该如何区分呢？单纯用文字很难明确描述。但是如果把各派的作品都找来 100 幅，一边看一边猜一边请人纠正错误，可能很快就学会判断了。

内隐学习学的是一种"感"，似乎都是在实践中学。足球教练会阅读比赛，官场老油条善于判断形势，他们不再是孩子了，但是仍然在使用内隐学习。

***

"当前科学理解"做事的风格是非常保守的。关于内隐学习，心理学家正在试图探究，它到底是不是一个真的不一样的学习方式。

有很多人猜测，内隐学习和外显学习调用的是大脑的不同部分和不一样的神经网络，这就是为什么小孩学语言比大人快，大人学规则比小孩快。可是这怎么证明呢？我们体会一下其中的科学方法。

2019 年 7 月发表的威斯康星大学的一项研究[2]，用四种方法测试内隐学习的能力，分别是：

（1）给若干段由虚构的单词组成的句子，让你体会其中的语法结构，然后判断其他句子是否符合这种语法；

（2）观察一些图片导致的结果，判断新的图片会导致什么结果；

（3）观察屏幕上一个飘忽不定的圆圈的落点，判断它的下一个落点区域；

（4）根据反馈，给一个视觉刺激分类。

研究者首先要证明内隐学习的确是一种能力，而不是纯属瞎蒙的东西。他们的做法是找一群受试者，先用这 4 个方法测试一遍，看看这些人中谁强谁弱；然后过一个星期让他们再来，换一套题再测试一遍。结果发现受试者在这些测试中的表现的确是因人而异，而且两次测试的结果具有相关性。也就是说，第一次表现好的人第二次表现也好。

像这样的结果就叫做"稳定"。稳定，就说明你测量的这个东西是个真东西，不是运气，不是瞎蒙的，可能真的是一种能力。为什么我们说"炒股"不靠谱呢？就是因为绝大多数在股市上赚了钱的人发挥都不稳定，去年赚了一大笔今年全赔进去了，让你不得不怀疑他是靠运气赚钱。

再者，研究者还要证明内隐学习是和外显学习不一样的能力。对外显学习这种能力心理学家早就已经有比较成熟的看法了。学习一套规则，能记住，然后能灵活运用，这跟"短期工作记忆"和智商有关。

研究者让这些受试者当场做了短期工作记忆和智商测验，发现他们的成绩跟内隐学习测验的成绩不相关。这就说明内隐学习不是由短期工作记忆和智商决定的，它是个跟外显学习不一样的能力。

这是一个非常有意思的发现。有些文学作品喜欢编一些不聪明、逻辑能力很弱，但是却拥有某种特殊的认知能力的"奇人"，看来也不是一点根据都没有。

***

我还看到前面其中一位研究者参与、在 2014 年发表的研究[3]，有个更有意思的结论。

我们知道外显学习应该专心致志地进行，得集中注意力，不能一心二用。而这个研究用实验证明，对于内隐学习来说，不集中注意力反而更好。

研究者也是让受试者做像识别语法结构这种内隐学习的测试，但是有时候会在受试者学习的同时给他们一个干扰，比如让他们一边听例句一边给一个图形涂颜色，逼着他们分心。结果发现，对外显学习来说，分心会降低学习水平，可是对内隐学习来说，分心反而还能提高学习水平。

这也就是说，集中注意力有可能会妨碍内隐学习。

这是为什么呢？外显学习的规则是明确的，你肯定得集中注意力才能记住规则。而研究者分析，因为内隐学习的内容都是没有明显规则的，你越是努力寻找规则就越可能钻牛角尖，找到一些根本不是规则的规则；你还不如放松注意力，让头脑开放，直接感受信息，反而更容易领悟那种"感"。

这就解释了为什么学龄前儿童善于学语言而不善于学数学。学数学需要集中注意力。人脑负责集中注意力的区域主要是前额叶皮质。这个区域的发育非常缓慢，要一直到青春期以后才能成熟。儿童的前额叶皮质还没有发育好，当然就不善于集中注意力。

儿童学语言可不是坐在那里认真听讲学会的。他们一边玩着一边学，有时候跟你对话，有时候是偶尔听到你说话。他们是不经意地学，你和他们自己都不知道他们什么时候学的，但他们就是学会了。他们不擅长集中注意力，而注意力恰恰还会妨碍"语感"。

我们想想自己会的那些东西，是不是其中有一些就是不经意学会的。你是什么时候学会处理复杂人际关系的呢？你是跟谁学的讲笑话的呢？可能都是潜移默化的内隐学习。

由此说来，作家看看各种闲书，官员研究研究历史，这些事儿越是不刻意，可能反而效果越好。你想要的不是什么明确规则，而是把握一个说不清道不明的"感"。

以前我读过一本大概是藤泽秀行写的围棋书，要求年轻棋手要多多地打谱。也就是拿前辈高手的实战棋谱，自己照着一步一步摆出来。那本书说打谱的时候不用想太多，不要停下来琢磨前辈当时为什么要那样走，你只要赶紧从棋谱上找到下一步的落子，能快速把一盘棋摆完就行。

我当时无法理解为什么要这样打谱。现在想起来，也许打谱是内隐学习：你想要的是"棋感"，所以你不应该想太多。

注释

学精第一

刻意练习

[1] 其实《异类》谈论的大多是孕育顶尖高手的一些宏观因素，比如放大早期优势的马太效应、家庭能不能给孩子提供一个好的训练条件以及客观时势和各国文化的影响。

[2] Practice May Not Make Perfect —Musical Ability Is in the DNA, *The Economist*, July, 2014.

[3] 后面凡是没有提到出处的研究结果，都来自这几本书。

[4] Ericsson 本人与合作者写过一篇关于刻意练习的通俗文章，见 K. Anders Ericsson et al., The Making of an Expert, *Harvard Business Review* 85，2006。

[5] 图片来源：http://sethsandler.com/productivity/3-zones/。

[6][美]尼尔·波兹曼：《娱乐至死》，章艳译，广

西师范大学出版社 2011 年版。

[7] 但是这种学法有重大缺陷，就是一旦不用了就很容易忘记。我不推荐这种学法。

[8] 这两个理论未必矛盾，但也未必都对，留待日后定论。

[9] Norman Doidge, *The Brain That Changes Itself*, Penguin Books, 2007.

[10]［美］杰夫·科尔文:《哪来的天才?》，张磊译，中信出版社 2009 年版。

［美］丹尼尔·科伊尔:《一万小时天才理论》，张科丽译，中国人民大学出版社 2010 年版。

[11] 新浪体育:《易建联背后付出首次被曝光》，http://sports.sina.com.cn/cba/2011-09-20/22135754584.shtml_，2019 年 9 月 20 日访问。

[12] 新浪体育:《东亚赛暴露男篮残酷现实　李楠:基本技术不如日韩》，http://sports.sina.com.cn/cba/2011-06-16/10425621028.shtml，2019 年 6 月 16 日访问。

[13] 陆晶靖:《"如果中国能有一个马尔克斯"》，http://www.lifeweek.com.cn/2012/0514/37183.shtml，2019 年 5 月 14 日访问。

［14］严峰：《作家是怎样炼成的》，http://news.sina.com.cn/c/2009-12-09/112519222865.shtml，2019 年 12 月 9 日访问。

［15］整个事件见 Christopher Chabris, Daniel Simons, *The Invisible Gorilla*, Harmony, 2010。

［16］所以媒体在报道科学发现的时候是有偏见的，仔细想想这个问题。

［17］akprussia：《学音乐能提高孩子的认知能力吗？》，http://www.guokr.com/article/437740/，2019 年 12 月 17 日访问。

［18］Tamar Lewin, No Einstein in Your Crib? Get a Refund, http://www.nytimes.com/2009/10/24/education/24baby.html, October 23, 2019.

［19］Gareth Cook, Brain Games Are Bogus, https://www.newyorker.com/tech/annals-of-technology/brain-games-are-bogus, April 5, 2019.

［20］SKühn et al., Playing Super Mario Induces Structural Brain Plasticity: Gray Matter Changes Resulting from Training with a Commercial Video Game, *Molecular Psychiatry* 19, 2014.

［21］Matrix：《研究发现益智游戏并不益智》，http://

science.solidot.org/article.pl?sid=10/04/22/0715210，2010 年 4 月 22 日访问。

［22］新浪体育：《男篮替补席第一高效匪徒 给他传球你什么都能看到》，http://sports.sina.com.cn/cba/2011-09-23/21545758924.shtml，2019 年 9 月 23 日访问。

［23］顺便说一句，现在的天气预报系统已经非常完美了。有统计表明，在美国天气预报说第二天降水概率是 30% 的日子里，的确有 30% 的日子是降水了。考虑到随机因素，天气预报是一种准确度非常高的预报。

［24］此事来自［美］丹尼尔·科伊尔：《一万小时天才理论》，张科丽译，中国人民大学出版社 2010 年版。

［25］其实从这个意义上讲，现代教育制度与其说是一种培养制度，不如说是一种选拔制度，或者更确切地说是一种淘汰制度。好的工作岗位有限，想干这个工作的人却很多。大学的真正作用是决定谁能进入到那个岗位上去。至于到了那个岗位怎么做，那是你到了以后才要关心的事情。

［26］Jon Gertner, True Innovation, https://www.nytimes.com/2012/02/26/opinion/sunday/innovation-and-the-bell-labs-miracle.html, February 25, 2019.

［27］内容摘自黄小非博客，原引用地址为：http://blog.jobbole.com/24076/。

［28］这些论文都在后面 Ericsson 等人那篇论文的参考文献中。

［29］Anders Ericsson et al., Why Study Time Does Not Predict Grade Point Average Across College Students: Implications of Deliberate Practice for Academic Performance, *Contemporary Educational Psychology* 30, 2005, pp.96-116.

［30］此事来自［美］丹尼尔·科伊尔：《一万小时天才理论》，张科丽译，中国人民大学出版社 2010 年版。

［31］果壳网专访：《陈晓卿，〈舌尖上的中国〉的艺术与科学》，http://www.guokr.com/article/438258/，2014 年 4 月 18 日访问。

［32］此事见于郎朗：《千里之行：我的故事》，广西师范大学出版社 2008 年版。

［33］这方面的更详细论述见 Simon Kuper, Stefan Szymanski, *Soccernomics*, HarperSport, 2012。

［34］这段中文是我翻译的，来自 David Halberstam, *Playing for Keeps*, Three Rivers Press, 2000。

［35］滨岩：《马拉多纳：中国球员缺乏爱 渴望执教中国球队》，http://sports.qq.com/a/20120815/000085.htm，2012 年 8 月 15 日访问。

［36］此事及前面美国高中文凭代表的收入数据，都来自 Uri Gneezy, John List, *The Why Axis: Hidden Motives and the Undiscovered Economics of Everyday Life*, Public Affairs, 2013。

［37］这个研究的详细情况见 Amanda Ripley, Should Kids Be Bribed to Do Well in School?, *Time*, April 08, 2010。

［38］我不太赞赏这个实验。各个地区选用的受试者都在不同年级，这个设定毫无意义。更科学的办法显然是尽量选取相同年级甚至相同地区的学生来测试不同的激励策略。*The Why Axis* 一书中 Uri Gneezy 和 John List 设计的实验就要合理得多。

［39］他的网站是 http://thedanplan.com/。相关事件见于阮一峰的博客文章：阮一峰：《Dan 计划：重新定义人生的 10000 个小时》，http://www.ruanyifeng.com/blog/2011/04/the_dan_plan.html，2019 年 4 月 16 日访问。

［40］彭萦的博客地址是 http://blog.sina.com.cn/yingpeng332。

［41］这个研究见于 Scientific American，Tia Ghose，Like Math? Thank Your Motivation, Not IQ，http://www.scientificamerican.com/article/like-math-thank-your-moti/，2019 年 12 月 28 日访问。

［42］此处的所有学术部分参考 2013 年出版的 Scott Barry Kaufman，*Ungifted: Intelligence Redefined*，Basic Books，2013。

［43］Tucker-Drob E. M et al. Emergence of a Gene x Socioeconomic Status Interaction on Infant Mental Ability Between 10 Months and 2 Years，*Psychological Science* 22，2011，pp.125-133.

［44］这个理论叫做 Experience Producing Drive Theory。

［45］见维基百科"达尔文"条目 https://en.wikipedia.org/wiki/Charles_Darwin。

最高学习效率 = 15.87%

［1］图片来源：http://chickswagewar.blogspot.com/2013/06/skill-challenge-and-flow.html。

［2］Robert C. Wilson et al.，The Eighty Five Percent Rule for Optimal Learning，*Nature Communications*

4646，2019.

［3］Cody Kommers，How Wrong Should You Be? https://blogs.scientificamerican.com/observations/how-wrong-should-you-be/，January 14，2019.

正确的学习方法只有一种风格

［1］http://vark-learn.com.

［2］Cindi May，The Problem with "Learning Styles"，https://www.scientificamerican.com/article/the-problem-with-learning-styles/Scientific American，May 29，2019.

［3］Derek Bruff，Learning Styles: Fact and Fiction - A Conference Report，https://cft.vanderbilt.edu/2011/01/learning-styles-fact-and-fiction-a-conference-report/，January 28，2019.

提高学习成绩的最简单心法

［1］Bradley Busch，This Cheap，Brief "Growth Mindset" Intervention Shifted Struggling Students onto a More Successful Trajectory，*The BPS Research Digest*，March，2018.

［2］Amanda Ripley，*The Smartest Kids in the*

World: And How They Got That Way, Simon & Schuster, 2014.

［3］Scott Barry Kaufman, *Ungifted: Intelligence Redefined*, Basic Books, 2013.

［4］Po Bronson, Ashley Merryman, *Top Dog: The Science of Winning and Losing*, Twelve, 2014.

［5］祝穆《方舆胜览·眉州·磨针溪》：世传李白读书象耳山中，学业未成，即弃去，"过是溪，逢老媪方磨铁杵，问之，曰：'欲作针。'太白感其意，还卒业"。

反脆弱式学习养生法

［1］鲁棒，Robust 的音译，健壮、强壮、坚定、粗野的意思。鲁棒性（rubustness）就是系统的健壮性。它是在异常和危险情况下系统生存的关键。比如计算机软件在输入错误、磁盘故障、网络过载或有意攻击情况下，能否不死机、不崩溃，就是该软件的鲁棒性。

学广第二

自由技艺

［1］万维钢：《精致的利己主义者和常青藤的绵羊》，载《南方周末》2015 年 7 月 30 日。

深度对广度

[1] 雷锋网 AI 研习社:《如何在 15 个月内占领 Kaggle 榜首? bestfitting 经验大放送》, http://www.sohu.com/a/232040008_114877, 2019 年 5 月 18 日访问。这篇访谈非常值得一读。

创造第三

到底什么是发散思维

[1] 图片引自 Barbara Oakley, *A Mind For Numbers*, Tarcher Perigee, 2014。

[2] 同上。

[3] 同上。

[4] 同上。

[5] 图片来源: https://www.youtube.com/watch?v=WjEmquJhSas。

创造的脚手架

[1] 石钟扬:《从〈禹鼎志〉到〈西游记〉》, 载《明清小说研究》2006 年 04 期。其实类似的研究还有很多, 见此文的参考文献。

［2］Gary Wolf, Steve Jobs, The Next Insanely Great Thing, http://www.wired.com/wired/archive/4.02/jobs.html, February 01, 2019.

［3］Blake Gopnik, Why Mac'S Modernism is Old, http://www.newsweek.com/2011/01/30/the-old-soul-of-mac-s-modernism.html, Januray 30, 2019.

［4］Thomas Ricker, Apple iPad 2 Smart Cover vs. InCase Convertible Magazine Jacket... Fight!, http://www.engadget.com/2011/03/03/apple-ipad-2-smart-cover-vs-incase-convertible-magazine-jacket/, March 03, 2019.

［5］"老湿"的点评：《令人蛋疼的〈西游记〉》，http://www.tudou.com/programs/view/pxnQSnIPBrI/，2019 年 12 月 13 日访问。

秘密项目

[1] 万维钢：《孤岛生产的天才》，得到 App《万维钢·精英日课第二季》。

[2] 基因漂变是可以和达尔文的自然选择相并列的一个演化机制。自然选择是说哪种基因突变能适应环境，就保留下来，不适应就淘汰，是环境决定演化。而基因漂变则说，对某些基因突变，环境没什么意见，那就怎么变都可以。比如个子的高低，不能说他更适应环境，也不能说不适应，就是一个特色而已。这种情况跟

自然选择没关系，纯粹就是基因的随机传播、分叉造成多样性。

创作者的悖论

[1] Srinivas Rao, An Audience of One: Reclaiming Creativity for Its Own Sake, Portfolio，2018.

[2] Brad Stulberg, Steve Magness, *The Passion Paradox: A Guide to Going All in, Finding Success, and Discovering the Benefits of an Unbalanced Life,* Rodale Books，2019.

[3] "苦"的巴利语（古代印度的一种通用俗语）。

策略第四

"自学"的学问

［1］［英］史蒂芬·霍金：《时间简史续编》，胡小明、吴忠超译，湖南科学技术出版社 1994 年版。

［2］Susan Kruger, The Success Pyramid: A Model of Efficient & Effective Learning, https://studyskills.com/educators/the-success-pyramid/，September 16，2019. Peter Hollins, *The Science of Self-Learning: How to Teach Yourself Anything, Learn More in Less Time, and*

Direct Your Own Education，Independently published，2018.

［3］以上事迹来自维基百科和塔勒布的《反脆弱》一书。

［4］万维钢，《哪种不确定性？什么黑天鹅？》，得到 App《万维钢·精英日课³》。

兵器第五

好思想都在哪里

［1］万维钢，《贫困病》，得到 App《万维钢·精英日课第一季》。

［2］万维钢，《〈自满阶级〉5：不稳定终将到来》，得到 App《万维钢·精英日课第一季》。

［3］万维钢，《有关糖的犯罪推理》，得到 App《万维钢·精英日课第一季》。

［4］万维钢，《那时候和这时候的亚当·斯密》，得到 App《万维钢·精英日课第一季》。

［5］万维钢，《无为》，得到 App《万维钢·精英日课第一季》。

［6］万维钢，《指导生活的算法》，得到 App《万维钢·精英日课第一季》。

［7］万维钢，《流行制造者》，得到 App《万维钢·精英日课第一季》。

无为第六

内隐学习和外显学习

［1］万维钢，《人工智能，能婴儿乎？》，得到 App《万维钢·精英日课第一季》。

［2］Priya B. Kalraa, John D. E. Gabrielib and Amy S. Finn, Evidence of Stable Inpidual Differences in Implicit Learning, *Cognition* 190, 2019, pp. 199−211. Emma Young, Distinct From IQ Or Working Memory, "Implicit Learning Ability" Is An Important, Stable Trait That Varies Between Inpiduals, *The BPS Research Digest*, July, 2019.

［3］Amy S. Finnet al., When It Hurts (and Helps) to Try: The Role of Effort in Language Learning, *PLoS ONE* 9, 2014.

图书在版编目（CIP）数据

学习究竟是什么 / 万维钢著. --北京：新星出版社，2020.6
（2023.1重印）
ISBN 978-7-5133-4024-3
Ⅰ.①学… Ⅱ.①万… Ⅲ.①学习方法 Ⅳ.①G791
中国版本图书馆CIP数据核字（2020）第065352号

学习究竟是什么

万维钢　著

策划编辑：白丽丽　卢荟羽
责任编辑：汪　欣
营销编辑：龙立恒　longliheng@luojilab.com
封面设计：李　岩
版式设计：靳　冉

出版发行：新星出版社
出 版 人：马汝军
社　　址：北京市西城区车公庄大街丙3号楼　100044
网　　址：www.newstarpress.com
电　　话：010-88310888
传　　真：010-65270449
法律顾问：北京市岳成律师事务所

读者服务：400-0526000　service@luojilab.com
邮购地址：北京市朝阳区华贸商务楼20号楼　100025

印　　刷：北京盛通印刷股份有限公司
开　　本：787mm×1092mm　1/32
印　　张：13
字　　数：181千字
版　　次：2020年6月第一版　2023年1月第七次印刷
书　　号：ISBN 978-7-5133-4024-3
定　　价：69.00元